JN261100

刑事事件お助けガイド

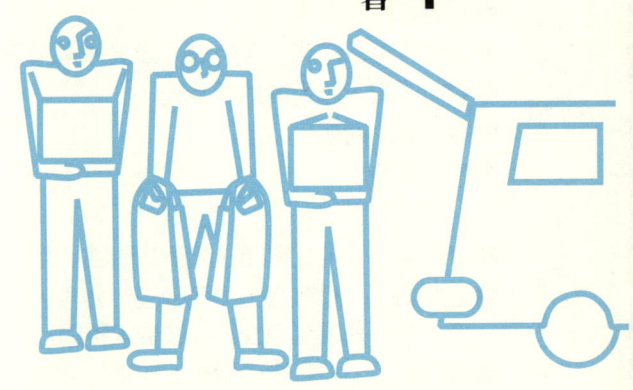

矢野輝雄 著

緑風出版

刑事手続の流れ

警察
- ●捜査の端緒（被害届、告訴・告発、職務質問その他）
- ●捜査の実行（被疑者・参考人の取調べなどの任意捜査、捜索・差押え・逮捕その他の令状による強制捜査）
- ●検察官への事件送致（逮捕から48時間以内）

検察庁
- ●検察官の捜査（勾留請求、証拠の収集その他）
- ●起訴・不起訴の判断（公判請求、不起訴処分その他）
- ●起訴状の提出（最大勾留期間23日間。警察48時間、検察24時間、勾留請求により10日間のほか10日間の延長あり）

公判前手続き
- ●裁判所の起訴状の受理
- ●起訴状謄本の送達
- ●弁護人選任に関する照会、国選弁護人の選任
- ●事前準備・公判前整理手続
- ●第1回公判期日の指定
- ●保釈の請求

第一審公判
- ●冒頭手続（人定質問、起訴状朗読、黙秘権告知、罪状認否）
- ●証拠調べ（検察官の冒頭陳述、被告人・弁護人の冒頭陳述、検察官の立証、弁護側の立証、被告人質問）
- ●最終弁論（検察官の論告・求刑、弁護人の最終弁論、被告人の最終陳述）
- ●結審（弁論終結）
- ●判決の宣告（有罪判決、無罪判決、公訴棄却判決その他）

上訴
- ●控訴審の手続
- ●上告審の手続
- ●判決の確定

確定
- ●判決の確定による刑の執行
- ●再審事由のある場合の再審請求と再審手続

検察審査会制度の仕組み

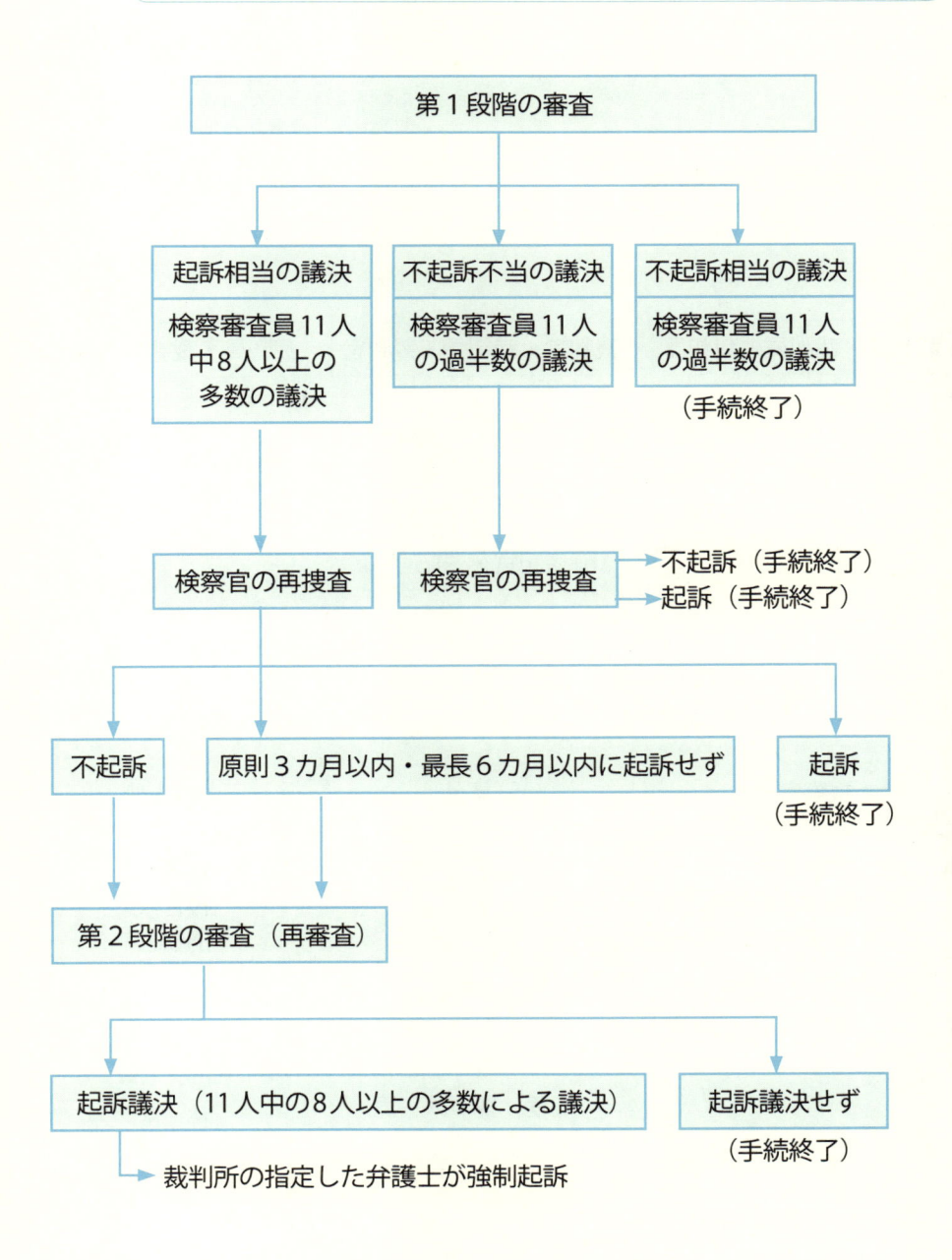

```
                    第1段階の審査
          ┌─────────────┼─────────────┐
   起訴相当の議決      不起訴不当の議決      不起訴相当の議決
   検察審査員11人      検察審査員11人       検察審査員11人
   中8人以上の         の過半数の議決       の過半数の議決
   多数の議決                            （手続終了）
          │              │
          ↓              ↓          → 不起訴（手続終了）
     検察官の再捜査      検察官の再捜査     → 起訴（手続終了）
   ┌──────┼──────┐
   ↓      ↓          ↓
  不起訴  原則3カ月以内・最長6カ月以内に起訴せず   起訴
                                        （手続終了）
   │      │
   ↓      ↓
   第2段階の審査（再審査）
   ┌──────────────┐
   ↓                      ↓
 起訴議決（11人中の8人以上の多数による議決）   起訴議決せず
   │                                    （手続終了）
   → 裁判所の指定した弁護士が強制起訴
```

裁判員裁判の法廷の様子（例）

Mはモニター画面

補充裁判員・補充裁判員　　　　　　　　　　　補充裁判員
　　　　M　　　　　　　　　　　　　　　　　　　M

| 裁判員・裁判員・裁判員 | 裁判官・裁判長・裁判官 | 裁判員・裁判員・裁判員 |
| M　　M　　M | M　　M　　M | M　　M　　M |

書記官・速記官

検察官側　　　　　　　　証言台　　　　　　　　弁護人側

大型M　　　　　　　　　　　　　　　　　　　　　　　　　　大型M

検察官　　　　　　　　　　　　　　　　　　　　弁護人
被害者の親族　　　　　　　　　　　　　　　　　被告人
被害者の親族代理人弁護士　　　　　　　　　　　刑務官

傍　聴　人　席

はじめに

刑事事件お助けガイド

　近年、身に覚えのない痴漢の疑いをかけられた人が冤罪（無実の罪）と認められて無罪の判決を受ける例が増えています。平穏な生活を送っている普通の人が、満員電車の中で身に覚えのない痴漢行為をしたという女性の告訴を受けて捜査機関に 21 日間も身柄を拘束された例もあります。痴漢冤罪事件をテーマにした映画「それでもボクはやってない」を見た国連拷問禁止委員会の委員から、「日本はそれでも先進国か」「無罪推定の原則が機能していない」といった意見が出されたことが報告されています（日本弁護士連合会「自由と正義」2007 年 8 月号）。

　刑事裁判の鉄則は、人権保障の観点から「疑わしきは罰せず」とか「疑わしきは被告人の利益に」の原則による「無罪推定の法理」によるべきものとされています。つまり、刑事上の罪に問われているすべての者は、検察官により合理的な疑いを超える犯罪の証明があり法律に基づいて有罪とされるまでは無罪と推定される権利を有するのです。ところが、実際には、この刑事裁判の鉄則に反する裁判が行われているのです。

　例えば、満員電車の中で身に覚えのない痴漢の疑いをかけられた場合には、通常は被害者と称する者の証言しかありませんが、裁判所は、その唯一の証言を元に有罪判決を言い渡すことが多いのです。本来、有罪判決を言い渡すには、検察官によって「合理的な疑いを超える証明」がなされた場合に限られますから、疑わしいままに有罪判決を言い渡すことはできないのです。ところが、痴漢冤罪事件では、被告人自身が冤罪であることを証明しないと無罪判決が得られないという恐ろしい時代になっているので

す。被告人は多数の協力者を得て多額の費用をかけて痴漢行為は不可能であった事実を証明する必要があるのです。最早、痴漢冤罪事件では、刑事裁判の鉄則は機能していないと思われます。

　近年の痴漢冤罪事件では、男女が共謀して女（無職31歳）が大阪市営地下鉄の電車内で痴漢被害を受けたとするウソの告訴をし、男（甲南大生24歳）が目撃者役となって示談金を得ようと痴漢被害をでっち上げた事件がありました。この事件では、被害者役の女が良心の呵責(かしゃく)にさいなまれてウソの告訴をしたことを自白したために犯人とされた会社員は痴漢冤罪事件の被告人とされなかったのです。このような恐ろしい冤罪事件は、どこにでもあるのです。最近の報道でも、富山県で起きた強姦事件では犯人とされた者が服役を終えた後で真犯人が見つかったし、鹿児島県警の摘発した選挙違反事件では被告人12人全員の無罪が確定しました。

　人権後進国の日本の刑事手続は、被疑者を23日間も拘束して自白を迫る人質司法、代用監獄制度、取り調べにおける弁護士の立会、取り調べ過程の録画、検察官や警察の手持ち証拠の完全開示などの諸制度について国際的な人権水準から著しく遅れています。

　本書では、刑事訴訟法その他の刑事手続の仕組みと問題点を分かりやすく説明するとともに、冤罪事件に巻き込まれた場合の対応についても解説しました。分かりやすく説明するためにQ&Aの形式にしましたので、どの項目からでも読んでもらえます。専門的な用語には、くわしい説明を加えたほか、例をあげて分かりやすく説明しました。

　なお、本文中の条数は、刑事訴訟法の条数を示し、規則は刑事訴訟規則を意味します。

2010年9月

著者

刑事事件お助けガイド／目次

第1章

告訴・告発は、どのようにするのですか
11

- **Q 1** 告訴・告発とは、どういうことですか ……………………………13
- **Q 2** 犯罪とは、どういうものですか ……………………………………17
- **Q 3** 告訴状・告発状は、どのように書くのですか ……………………21
- **Q 4** 告訴状・告発状は、どのように処理されるのですか ……………28
- **Q 5** 検察官が不起訴処分にした場合は、どうするのですか …………35
- **Q 6** 虚偽告訴の罪とは、どういうものですか …………………………42
- **Q 7** 付審判請求とは、どういうことですか ……………………………44

第2章

犯罪の捜査は、どのように行われるのですか
49

- **Q 8** 捜査機関は、どのようになっているのですか ……………………51
- **Q 9** 捜査を開始するのは、どんな場合ですか …………………………54
- **Q10** 任意捜査の原則とは、どういうことですか ………………………57
- **Q11** 被疑者の取り調べは、どのように行われるのですか ……………62
- **Q12** 被疑者以外の者の取り調べは、どのように行われるのですか ‥66
- **Q13** 強制捜査とは、どういうことですか ………………………………69
- **Q14** 通常逮捕の手続は、どのようになりますか ………………………72
- **Q15** 緊急逮捕の手続は、どのようになりますか ………………………79
- **Q16** 現行犯逮捕の手続は、どのようになりますか ……………………81
- **Q17** 別件逮捕とは、どういうことですか ………………………………84
- **Q18** 勾留とは、どういうことですか ……………………………………86
- **Q19** 捜索とは、どういうことですか ……………………………………96

- Q20 差押とは、どういうことですか……99
- Q21 検証とは、どういうことですか……102
- Q22 鑑定とは、どういうことですか……105
- Q23 当番弁護士とは、どういうことですか……107
- Q24 被疑者の国選弁護人とは、どういうことですか……110
- Q25 取調べ書面記録制度とは、どういうことですか……113
- Q26 被疑者とされた者の権利は、どうなっていますか……115
- Q27 捜査が終了した場合は、どのように処理されますか……119

第3章
起訴された後の手続は、どのようになりますか
123

- Q28 起訴（公判の提起）とは、どういうことですか……125
- Q29 公訴の時効とは、どういうことですか……133
- Q30 第一審の公判手続の流れは、どのようになりますか……137
- Q31 公判前整理手続とは、どういうことですか……142
- Q32 証拠調べとは、どういうことですか……149
- Q33 伝聞法則とは、どういうことですか……155
- Q34 自白法則とは、どういうことですか……160
- Q35 違法収集証拠の排除法則とは、どういうことですか……162
- Q36 裁判の種類には、どんなものがありますか……165
- Q37 刑罰の種類には、どんなものがありますか……170
- Q38 執行猶予、仮釈放とは、どういうことですか……175

第4章
上訴の手続は、どのようになりますか
179

Q39 控訴とは、どういうことですか 181
Q40 上告とは、どういうことですか 186
Q41 抗告・準抗告とは、どういうことですか 189
Q42 再審とは、どういうことですか 192

第5章

刑事事件の特別の手続には、どんなものがありますか
197

Q43 略式手続とは、どういうことですか 199
Q44 即決裁判手続とは、どういうことですか 201
Q45 少年事件の特別手続とは、どういうことですか 204
Q46 刑事手続の付随手続とは、どういうことですか 207
Q47 裁判員制度とは、どういうものですか 211

第1章●
告訴・告発は、どのようにするのですか

Q1 告訴・告発とは、どういうことですか

1　告訴・告発とは

(1) 告訴とは、犯罪の被害者その他の告訴権を有する者が、捜査機関（検察官や司法警察員）に対して、犯罪事実を告げて犯人の処罰を求める意思表示をいいます（230条以下）。例えば、犯人に殴られてケガをした者は犯人を告訴することになります。告訴をする場合は、一般に告訴状（Q3参照）という書面を捜査機関に提出します。

(2) 告発とは、犯人と告訴権を有する者以外の者が、捜査機関に対して犯罪事実を告げて犯人の処罰を求める意思表示をいいます（239条）。例えば、ウソの内容の公文書を作成した公務員を発見した者は、その公務員を告発することができます。告発をする場合は、一般に告発状（Q3参照）という書面を捜査機関に提出します。告訴と告発の主な相違は、意思表示をする者の違いにあります。

(3) 告訴権を有する者の範囲は、次のようになっています（230条～233条）。

① 被害者（犯罪により害を被った者）
② 被害者の法定代理人（親権者、成年後見人など）
③ 被害者が死亡した場合の配偶者、直系の親族、兄弟姉妹（ただし、被害者の告訴をしない意思が明示されている場合は、告訴ができません）
④ 被害者の法定代理人が、被疑者である場合、被疑者の配偶者である場合、または被疑者の4親等内の血族もしくは3親等内の姻族である場合は、被害者の親族
⑤ 死者の名誉を毀損した罪については、死者の親族または子孫

⑥ 名誉を毀損した罪について被害者が告訴をしないで死亡した場合は、死者の親族または子孫（ただし、被害者の告訴をしない意思が明示されている場合は、告訴ができません）

(4) 捜査機関には、①司法警察職員、②検察官、③検察事務官があり、司法警察職員は、一般司法警察職員と特別司法警察職員に分けられます。一般司法警察職員とは、警察庁と都道府県警察の警察官をいいます。一般司法警察職員は、司法警察員（巡査部長以上の階級の警察官）と司法巡査に分けられます。特別司法警察職員とは、例えば、労働基準監督官、海上保安官、麻薬取締官のような特別の法律に基づいて捜査権限を有する者をいいます（Q8参照）。

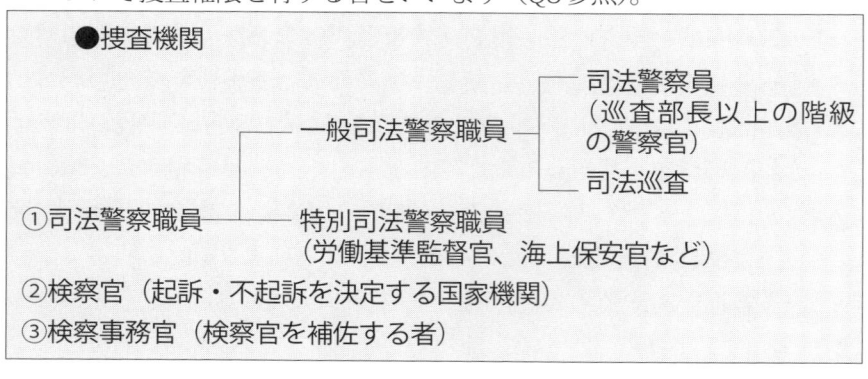

```
●捜査機関
                                    ┌─ 司法警察員
                  ┌─ 一般司法警察職員 ─┤  （巡査部長以上の階級
                  │                   │   の警察官）
                  │                   └─ 司法巡査
①司法警察職員 ──┤
                  └─ 特別司法警察職員
                      （労働基準監督官、海上保安官など）
②検察官（起訴・不起訴を決定する国家機関）
③検察事務官（検察官を補佐する者）
```

2 告訴・告発の方法と被害届

(1) 告訴や告発は、一般に告訴状または告発状という書面を捜査機関に提出しますが、書面を作成することができない場合は、司法警察員（巡査部長以上の警察官）または検察官に口頭で行ってもかまいません。口頭による告訴または告発を受けた司法警察員または検察官は、その調書（告訴調書・告発調書）を作成する必要があります（241条）。

(2) 告訴や告発は、犯人の処罰を求める意思表示ですから、被害の事実を報告するに過ぎない被害届（例えば、盗難被害届、傷害被害届）

とは異なります。被害届を提出しただけでは、告訴人や告発人に認められる権利が認められませんので、被害届を提出する必要がある場合には、告訴状を提出することとします。被害届を提出して、後日、告訴状を提出することもできます。警察官に被害届を提出した場合は、警察官は、その事件が管轄区域の事件であるかどうかを問わず受理する必要があります（犯罪捜査規範61条）。被害届のなされた事件については、警察官は捜査をする必要があります。

3　親告罪とは

(1)　親告罪とは、検察官が起訴をするには告訴を必要とする犯罪をいいます。例えば、名誉毀損罪、強姦罪、過失傷害罪、器物損壊罪のように被害者の利益や名誉を保護する必要がある場合や被害者の意思に反してまで処罰の必要がないと考えられる場合に親告罪とされています。

(2)　親告罪の告訴は、犯人を知った日から6カ月を経過した場合には、告訴をすることができません。ただし、強姦罪、強制猥褻罪、営利目的の略取（暴行や脅迫により自分の支配下に置くこと）や誘拐などの一定の親告罪には6カ月の制限は適用されません（235条）。

(3)　共犯（2人以上の者が共同して犯罪を実行した場合）では、その1人に対する親告罪の告訴の効力は、他の共犯に対しても及びます（238条1項）。

(4)　親告罪の告訴は、公訴の提起（起訴）があるまで、告訴を取り消すことができますが、親告罪の告訴の取消（撤回の意味）をした者は、再度、同じ事件について告訴をすることはできません（237条）。非親告罪（親告罪でない罪）については、告訴は単に捜査の端緒に過ぎないので、取消をしても、再度、告訴をすることも可能です。

4　告発ができる者

(1)　告発ができる者は、犯人と告訴権を有する者（例えば、犯罪の被害

者）以外の第三者ですが、公務員とそれ以外の者とは区別され、次のように規定されています。

> **刑事訴訟法239条**
> ①何人でも、犯罪があると思料するときは、告発をすることができる。
> ②官吏（国家公務員）または公吏（地方公務員）は、その職務を行うことにより犯罪があると思料するときは、告発をしなければならない。

(2) 刑事訴訟法239条1項では、「何人でも」犯罪事実があると思う場合は、捜査機関に対して犯罪事実を申告して犯人の処罰を求めることができるのです。「何人でも」とされていますから、自然人（人間のこと）のほか、会社のような法人その他の団体も告発をすることができます。最近、大きく報道されている告発の事例には民主党の小沢一郎前幹事長の政治資金規正法違反に関する告発があります。このような告発は、誰でも犯罪があると思う者は告発をすることができるのです（239条1項）。

(3) 刑事訴訟法239条2項では、官吏（国家公務員）または公吏（地方公務員）は、一般国民とは異なり、「その職務を行うことにより犯罪があると思料するときは」告発をする義務があるのです。この義務違反は、公務員法上の懲戒事由となりますが、職務上正当な裁量までは禁止されないと解されています。

Q2 犯罪とは、どういうものですか

1 犯罪とは

(1) 犯罪とは、その行為が、①犯罪構成要件（例えば、人を殺す、人の身体を傷害する）に該当し、②違法な行為であり、かつ、③有責な(責任がある)行為をいいます。つまり、犯罪が成立するには、次の3要件を満たす必要があるのです。

> ① その行為が、犯罪構成要件（刑法その他の刑罰法規に規定された犯罪行為の類型）に該当すること
> ② その行為が、違法性（刑罰法規に違反すること）を有すること
> ③ その行為者に責任が認められること（14歳未満の者や心神喪失者の行為でないこと）

例えば、「人を殺した者」が殺人罪（刑法199条）に該当するには、①まず、「人を殺した」という犯罪構成要件に該当し、②犯罪構成要件に該当する行為は違法性がないとされる場合（例えば、正当防衛のような行為。次頁で詳述）を除き違法性を有する行為と判断され、③幼児のように責任能力のない場合を除き責任が認められますから、これら3要件を満たす場合には犯罪が成立することになります。

(2) 犯罪が成立するかどうかの判断は、その行為が、①犯罪構成要件に該当するかどうか、②違法性を有する行為かどうか、③その行為者に責任が認められるかどうかの順序で判断します。一般に、その行為が、犯罪構成要件（刑法その他の刑罰法規に規定された犯罪行為の類型）に該当する場合には、違法性を有しますから、犯罪構成

要件に該当するかの判断が最も重要です。責任の認められない場合は、通常は例外といえます。
① 犯罪構成要件とは、刑法その他の刑罰法規（例えば、暴力行為等処罰ニ関スル法律、爆発物取締罰則）に規定された犯罪の類型（例えば、人の身体を傷害する行為、人を殺す行為）をいいます。
② 違法性とは、その行為が刑罰法規に違反し、法的に許されないことをいいます。犯罪構成要件に該当する行為は、一般に違法性を有する行為ですが、例外的に、正当防衛のように行為が犯罪構成要件に該当していても違法性が排除（阻却、とりのぞかれる）される場合があります。違法性が排除（阻却）される事由を違法性阻却事由といいますが、次のような事由があります。
　A　正当防衛　　例えば、強姦されそうになった場合に犯人を殴りつける行為のように急迫不正の侵害に対して自己または他人の権利を防衛するため、やむを得ずにした行為は罰しないものとされています（刑法36条）。
　B　緊急避難　　例えば、海で溺れている者を救助するために無断で他人所有の舟を使用した場合のように、自己または他人の生命・身体・自由・財産に対する現在の危難を避けるため、やむを得ずにした行為は、これによって生じた害が避けようとした害の程度を超えなかった場合に限り、罰しないものとされています（刑法37条）。
　C　法令による行為　　例えば、刑務職員による死刑の執行、逮捕状による逮捕、私人による現行犯逮捕のような法令による行為は、罰しないものとされています（刑法35条）。
　D　正当な業務による行為　　例えば、医師による手術、大相撲その他のスポーツによる身体傷害のように、正当な業務による行為は、罰しないものとされています（刑法35条）。
(3) 責任とは、犯罪構成要件に該当する違法な行為を行ったことについて、その行為者を非難できることをいいます。例えば、3歳の幼児

が1歳の赤ちゃんを傷害する行為は、犯罪構成要件に該当する違法な行為ですが、責任能力（自分の行為に責任を負える能力）がないので犯罪は成立しません。刑法は、心神喪失者（精神の障害により行為の善悪を判断することができない者）の行為は罰しないとしていますし（刑法39条1項）、14歳未満の者の行為は、罰しないとしています（刑法41条）。責任能力（犯罪構成要件に該当する行為の是非を判断できる能力）が不完全な者は、心神耗弱者として刑罰を減軽（軽くすること）することとしています（刑法39条2項）。

2 共犯とは

(1) 共犯とは、2人以上の者が共同して犯罪を実行する場合をいいます。例えば、3人が共同して銀行強盗を実行したような場合です。共犯には、①共同正犯、②教唆犯、③従犯（幇助犯）があります。

(2) 共同正犯とは、2人以上が共同して犯罪を実行した者をいいます（刑法60条）。共同正犯は、2人以上の行為者に、①共同して実行する意思が存在するとともに、②共同して実行した事実が認められることが必要です。例えば、ABCの3人が共同して銀行強盗を実行する意思で、共同して実行した場合は、ABCの3人とも共同正犯となります。

(3) 教唆犯とは、他人を教唆して（そそのかして）犯罪を実行させた者をいいます（刑法61条）。例えば、暴力団の組長Aが、組員Bを教唆して、他の暴力団の組員Cを殺害させた場合の組長Aを教唆犯といいます。

　教唆犯は、正犯（実行行為を自らした者）の法定刑（刑罰法規に規定されている刑）の範囲内で処罰されます（刑法61条1項）。教唆犯を教唆した者も同様に処罰されます（刑法61条2項）。

　教唆犯に実際に言い渡される刑（宣告刑）は、正犯の法定刑の範囲内で、正犯の宣告刑よりも重い場合もあります。例えば、上例の暴力団組長Aへの宣告刑は、事情によっては実行犯Bへの宣告刑より

も重い場合があります。
(4) 従犯（幇助犯）とは、正犯を幇助（助けること）した者をいいます（刑法62条1項）。例えば、正犯（実行行為者）に凶器となるナイフを貸し与えた者や、賭博場の見張りをした者をいいます。

　従犯を教唆した者は、従犯の法定刑の範囲内で処罰されます（刑法62条2項）。従犯の刑は、正犯の法定刑に対して減軽（軽くすること）されます（刑法63条）。

3　未遂とは

(1) 未遂とは、①犯罪の実行に着手して犯罪を実現できなかった場合や、②自分の意思によって犯罪を中止した場合をいいます（刑法43条）。例えば、①は、人を殺そうと思って包丁で切りつけたが、抵抗されて殺せなかった場合で「障害未遂」といいます。②は、人を殺そうと思って包丁で切りつけたが、被害者を哀れに思って殺人を止めた場合で「中止未遂」とか「中止犯」といいます。

(2) 刑法は、犯罪構成要件が完全に実現された場合（犯罪が既遂に達した場合）に処罰するのが原則ですから、例外的に、未遂を処罰する場合には、刑罰法規に未遂を処罰する旨の規定がある場合に限られています（刑法44条）。

Q3 告訴状・告発状は、どのように書くのですか

1　告訴状・告発状の作り方

(1)　告訴状や告発状の作り方は決まっていませんが、実務上は、A4サイズの用紙に次の書式によって横書き・片面印刷で作成します。パソコンやワープロを使用しない場合も次のような余白をとります。

1行	37文字	上部余白	35㎜
1頁の行数	26行	下部余白	27㎜
文字サイズ	12ポイント	左側余白	30㎜
		右側余白	15㎜

(2)　告訴状や告発状は、一般に2枚以上になりますから、左側2カ所をホチキスで綴じます。ホチキスで綴じる際には、綴じ穴のために中央付近を8㎝程度空けておきます。各頁には、-1-、-2-、-3-のような頁数を付けておきます。

2　告訴状の書き方の例　　傷害罪（刑法204条）で告訴をする場合の書式例

```
                          告訴状
                                         平成○年○月○日
  ○県○○警察署長　殿
                                 告訴人　　○○○○（印）
          告訴人　住所　○県○市○町○丁目○番○号
                 氏名　○○○○
                      （昭和○年○月○日生）
```

　　　　　　　職業　　　　農業
　　　　　　　電話　　　　000-000-0000
　　被告訴人　住所　　　　○県○市○町○丁目○番○号
　　　　　　　氏名　　　　○○○○
　　　　　　　職業　　　　無職

第1　告訴の趣旨
　上記の被告訴人の下記第2記載の行為は、刑法第204条（傷害罪）に該当すると思料するので、当該被告訴人の厳重な処罰を求めるため告訴をする。

第2　告訴事実
　上記の被告訴人は、平成○年○月○日午後○時○○分頃、○県○市○町○丁目○○番地付近において、告訴人（当時65歳）に対して、口のききかたが悪いなどと因縁をつけて、告訴人の頭部や顔面を被告訴人の右手の握りこぶしで10回くらい殴打し、その結果、告訴人に対して全治6カ月を要する見込みとする頭部顔面打撲による外傷性クモ膜下出血等の傷害を負わせたものである。被告訴人の本件行為は、刑法第204条（傷害罪）の犯罪構成要件に該当する行為である。

第3　立証方法
　1　○県県立中央病院の○○○○医師が平成○年○月○日に作成した診断書
　2　参考人（目撃者）　○県○市○町○丁目○番○号　東京太郎
　3　参考人（目撃者）　○県○市○町○丁目○番○号　横浜次郎

第4　添付書類

> 上記第3の立証方法1の写し　　　　　　1通
>
> 第5　参考事情
> 　告訴人は、現在は一応、退院しているが、医師から、①後遺障害の出る可能性が高い、②約3カ月ごとに脳内出血による血の抜き取りが必要である、③症状は、頭部・顔面打撲による外傷性クモ膜下出血の症状である、④今後も3カ月ごとの診察を継続する必要がある、と言われている。
>
> 　　　　　　　　　　　　　　　　　　　　　　　　　　　以上

（説明）
① 　表題は、告訴の場合は告訴状とします。
② 　右上の日付は、作成年月日または提出日（郵送の場合は投函日）とします。
③ 　提出先は、一般に告訴人または被告訴人の住所地の警察署長としますが、住所地の地方検察庁・検事正あてに提出してもかまいません。提出方法は、郵送（なるべく書留郵便）にするのが無難です。宛先の名称や住所はNTTの職業別電話帳に掲載されています。
④ 　告訴人の表示として、住所・氏名・生年月日・職業・連絡先電話番号は、必ず記載します。
⑤ 　被告訴人の表示として、住所・氏名・職業程度は記載しますが、住所も氏名も分からない場合は、氏名不詳・住所不詳と記載します。電話番号や生年月日も分かる場合は、記載します。
⑥ 　告訴の趣旨には、刑法のような刑罰法規の罰条（例えば、刑法第204条）を記載し、更に「厳重な処罰を求めるため告訴をする」と犯人の処罰を求める意思表示を明確にします。
⑦ 　告訴事実には、犯罪事実に関する次の事項のうち、分かるものを詳細に記載します。

ア　誰が（犯人は誰か）
　　イ　いつ（犯行の日時）
　　ウ　どこで（犯行の場所）
　　エ　何を、または誰に対して（犯罪の客体・相手方）
　　オ　どんな方法で（犯罪の方法）
　　カ　なぜ（犯罪の動機や原因）
　　キ　何をしたのか（犯罪行為とその結果）
　　ク　誰と（共犯者は誰か）
⑧　立証方法には、物的証拠（文書その他の物）や人的証拠（証人となる可能性のある目撃者その他の証言のできる者）を表示します。文書の場合は、作成者名・作成年月日・表題を表示します。人的証拠の場合は、氏名と住所を表示しますが、できれば連絡先電話番号も記載します。
⑨　添付書類には、必ず写し（コピー）を添付します。原本を添付した場合には、事件の終了まで返還されないことになります。
⑩　参考事情は、特に記載する必要はありませんが、その事件の捜査の参考になると思われる情報がある場合に記載します。

3　告発状の書き方の例　　刑法第156条（虚偽有印公文書作成罪）、刑法158条（虚偽有印公文書行使罪）で告発をする場合の書式例

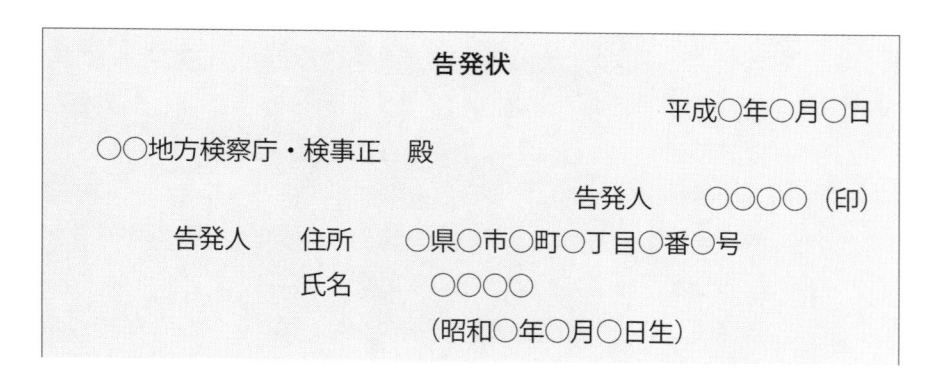

```
                         告発状
                                        平成○年○月○日
    ○○地方検察庁・検事正　殿

                                告発人　　○○○○　（印）
        告発人　　住所　　○県○市○町○丁目○番○号
                氏名　　○○○○
                       （昭和○年○月○日生）
```

　　　　　職業　　　　農業
　　　　　電話　　　000-000-0000

　被告発人　　氏名不詳（平成○年○月当時の○県○課の本件公文書たる会計書類の作成権限を有する公務員及び当該作成権限者を補助する公務員）

第1　告発の趣旨
　上記の氏名不詳の被告発人には、下記第2の告発事実記載の通り、刑法第156条（虚偽有印公文書作成罪）及び刑法第158条（虚偽有印公文書行使罪）の各犯罪を犯したと疑うに足りる相当の事由があると思料するので、当該被告発人の厳重な処罰を求めるため告発をする。

第2　告発事実
　上記の被告発人は、下記第3の立証方法の1ないし4の証拠書類から明らかなように○県庁消費生活協同組合から「羊毛掛布団セット20組、敷布団20組」を購入していない事実を知りながら、これらの物を購入したかのように装って、その代金の名目で○県から公金をほしいままに裏金として使用できるように○県庁消費生活協同組合へ支払わせるために行使する目的で、職務に関して内容虚偽の公文書たる会計書類の支出命令書（立証方法1）を平成○年○月○日付で作成して、当該内容虚偽の公文書を○県出納局へ提出して行使したものである。
　立証方法の2の所属内訳表は、○県が裏金の形成過程を調査した結果を記載した公文書の写しであるが、この立証方法の2によって「羊毛掛布団セット20組、敷布団20組」を購入していない事実を立証することができるのである。

立証方法の3の請求書は、「羊毛掛布団セット20組、敷布団20組」を購入していないにもかかわらず、○県主査Aは、納入物品の検収に係る公文書を作成する権限を有する公務員として、実際には検収をしていないことを知りながら、検収したとする虚偽の公文書を作成し、自己の記名押印をして○県出納局へ提出して行使したものである。

　立証方法の4の執行伺書は、○県○課の公務員が「羊毛掛布団セット20組、敷布団20組」を購入すると称して虚偽の執行伺の内容を記載した公文書の写しであるが、この公文書にも○県主査Aの現品受領の記載と押印がなされているものの、現品受領の事実はないのである。

　以上の通り、上記の被告発人には、上記の告発の趣旨記載の通り、刑法第156条及び刑法第158条の各犯罪を犯したと疑うに足りる相当の事由があると思料するので、当該被告発人の厳重な処罰を求めるため告発をするものである。

第3　立証方法
　1　平成○年○月○日付の支出命令書写し
　2　○県作成の所属内訳表写し
　3　平成○年○月○日付の検収印の押印された請求書写し
　4　平成○年○月○日付の現品受領印の押印された執行伺書写し

第5　添付書類
　上記第3の立証方法の1ないし4の写し　　　　　　　各1通

　　　　　　　　　　　　　　　　　　　　　　　　　以上

（説明）
　①　表題は、告発の場合は告発状とします。
　②　宛先は、公務員の犯罪の場合は一般に勤務地を管轄する地方検

察庁の検察正宛てとしますが、公務員の勤務地を管轄する警察署の署長宛てに提出しても構いません。
③　告発人の氏名・住所・連絡先電話番号は、最低限度、必ず記載します。
④　被告発人の氏名・住所が分かる場合は上例の告訴状の場合と同様に記載しますが、犯人を特定することができない場合には、氏名不詳と記載して犯人について分かる範囲で記載例のように記載します。
⑤　告発の趣旨には、罰条と罪名を記載して犯人の処罰を求める意思表示として「当該被告発人の厳重な処罰を求めるため告発をする」と記載します。
⑥　告発事実には、その犯罪事実に関して、上例の告訴状の告訴事実の場合と同様に、何時、どこで、誰が、何故などの犯罪事実を記載します。
⑦　立証方法には、物的証拠（文書、物、場所）や人的証拠（目撃者その他の証人として適切な者）を具体的に記載します。上例の告訴状の場合と同様です。
⑧　添付書類は、必ず写し（コピー）を添付します。

Q4 告訴状・告発状は、どのように処理されるのですか

1 告訴状・告発状の受理

(1) 告訴状や告発状を捜査機関（司法警察員または検察官）に提出しても受け取らない場合がありますが、その場合は、受け取らない理由（不備とする個所）を尋ねて、必要な補正（訂正）をして提出することとします。捜査機関は、適法な告訴状や告発状については受理する義務があります。

(2) 実務上は、司法警察員が受理をした場合には、①捜査をする義務、②検察官に捜査書類や証拠物を送付する義務が生じますし、検察官には、③告訴人や告発人に起訴や不起訴の結果を通知する義務、④告訴人や告発人に不起訴処分をした理由を通知する義務が生ずるうえ、⑤検察官の不起訴処分に対しては告訴人や告発人は不起訴処分に不服がある場合には検察審査会に審査の申立をすることができるとされています。これらの捜査機関の義務は、裏返せば、告訴人や告発人にこのような権利が発生することを意味します。

(3) 司法警察員は、告訴や告発を受けた場合は、速やかにこれに関する書類や証拠物を検察官に送付する必要があります（242条）。「速やかに」と規定していますが、一応の捜査をすることまで禁止しているものではなく、必要な場合は逮捕や押収のような強制処分をすることも可能です。

(4) 司法警察員は、告訴や告発と関係なく、犯罪の捜査をした場合は、検察官の指定した事件を除いて、すべての事件の書類や証拠物を検察官に送致する必要があります（246条）。

　検察官の指定した事件とは、例えば、犯罪事実が極めて軽微な事件をいいますが、この場合には微罪処分として事件の送致はしない

ものの、微罪処分事件報告書で検察官に報告します。告訴や告発のあった事件については、微罪処分はできません。

2 告訴・告発後の捜査

(1) 犯罪の捜査は、原則として任意捜査によって行われ、強制捜査は、法律に特別の定めのある場合に限って行われます。任意捜査とは、強制捜査（法律の特別の規定のある令状による捜査）以外の捜査をいいます。捜査機関その他の捜査関係者は、被疑者その他の者の名誉を害しないように注意する必要があります（196条）。警察官は、捜査を行うに際して秘密を厳守する必要があります（犯罪捜査規範9条）。

(2) 捜査機関（司法警察員・検察官・検察事務官）は、犯罪の捜査をするについて必要がある場合は、被疑者（犯罪の嫌疑を受けて捜査の対象とされている者）の出頭を求め、これを取り調べることができます（198条1項本文）。ただし、被疑者は、逮捕や勾留されている場合を除き、出頭を拒み、または出頭後、何時でも退去することができます（198条1項但書）。被疑者の取り調べに際しては、自己の意思に反して供述する必要がない旨（供述拒否権）を告知する必要があります（198条2項）。

(3) 告訴人や告発人は、事情をよく知っている者として参考人として取り調べを受けることになります。この場合には、被疑者ではありませんから、供述拒否権の告知はされません。

3 検察官の起訴または不起訴の処分

(1) 検察官は、告訴または告発のあった事件について捜査を終了した後、公訴を提起し（起訴処分）、または公訴を提起しない処分（不起訴処分）をした場合は、速やかに、その処分の結果を告訴人や告発人に通知する必要があります（260条）。

(2) 実務上は、不起訴処分の場合には、次例のような処分通知書が告

訴人や告発人に郵送されます。

処分通知書

検務第○○○号
平成○年○月○日

○○○○　殿

○○地方検察庁
　　　　検察官検事　　○○○○　（印）

貴殿から平成○年○月○日付け虚偽有印公文書作成罪、虚偽有印公文書行使罪で告発のあった次の被疑事件は、下記のとおり処分したので通知します。

記

1　被疑者　　①○○○○、②○○○○、③○○○○、④○○○○
2　罪名　　　虚偽有印公文書作成・同行使
3　事件番号
　　①平成○年検第1-0517号、②平成○年検第1-0518号
　　③平成○年検第1-0519号、④平成○年検第1-0520号
4　処分年月日　　平成○年○月○日
5　処分区分　　　不起訴

---

(3)　起訴の処分がなされた場合も同様に処分通知書が郵送されてきますが、例えば、傷害罪（刑法204条）で告訴または告発をしたのに、暴行罪（刑法208条）で起訴された場合でも不服申立の方法はありません。

(4)　不起訴の処分がなされた場合には、検察審査会に審査の申立をすることができますが、この場合には、事前に不起訴処分をした検察官に不起訴処分の理由の告知を求める必要があります。検察官は、告訴または告発のあった事件について不起訴処分をした場合は、告訴人または告発人から請求があった場合には、速やかに告訴人また

は告発人に不起訴処分にした理由を告知する必要があります（261条）。
(5)　検察官からの不起訴処分の理由の告知は、実務上は、次例のような簡単な理由しか告知されません。

> ①　起訴猶予（犯罪事実は明白だが、法定の理由により起訴をしない場合）
> ②　嫌疑なし（犯罪の証拠がない場合）
> ③　嫌疑不十分（犯罪の証拠が不十分な場合）
> ④　罪とならず（被疑事件が罪とならない場合）

　その他にも、⑤被疑者死亡、⑥心神喪失（犯罪時に心神喪失であった場合）、⑦刑事未成年（犯罪時に14歳未満であった場合）、⑧刑の免除（法律上刑が免除される場合）、⑨公訴時効の完成（起訴できる期間を経過した場合）などがあります。

　①の起訴猶予とは、有罪判決を得られるだけの証拠が揃っていても、犯人の性格、年齢、境遇、犯罪の軽重・情状、犯罪後の情況を考慮し、起訴する必要がないことを理由とする不起訴処分をいいます（248条）。このように犯罪の証拠が揃っていても起訴を猶予する制度を起訴便宜主義（起訴裁量主義）といいます。これに対して、起訴猶予を認めない制度を起訴法定主義といいます。ドイツでは起訴法定主義の原則がとられています。

　②の嫌疑なしとは、被疑事実について被疑者がその行為者でないことが明白な場合や犯罪の成否を認定すべき証拠のないことが明白な場合にする不起訴処分をいいます。

　③の嫌疑不十分とは、被疑事実について犯罪の成立を認定すべき証拠が不十分な場合にする不起訴処分をいいます。

　④の罪とならずとは、被疑事実が犯罪構成要件に該当しない場合や犯罪の成立を排除する事由のあることが証拠上明白な場合にする

不起訴処分をいいます。例えば、自分の刑事事件の証拠を隠した場合は罪となりません。

⑤の被疑者死亡とは、被疑者が死亡した場合にする不起訴処分をいいます。

⑥の心神喪失とは、被疑者が犯行時に心神喪失であった場合にする不起訴処分をいいます。

⑦の刑事未成年とは、被疑者が犯行時に14歳に満たない場合にする不起訴処分をいいます。

⑧の刑の免除とは、被疑事実が明白でも法律上、刑が免除される場合（例えば、親族間の窃盗）にする不起訴処分をいいます。

⑨の公訴時効の完成とは、検察官が公訴の提起（起訴）をすることができる期間を経過したことをいいます。公訴時効の期間は法律に定めた刑罰の重さによって、例えば、人を死亡させた罪であって、①無期の懲役や禁錮に当たる罪では30年、②長期（法定刑の最長）20年の懲役や禁錮に当たる罪では20年のように定められています（250条）。

(6) 告訴人や告発人に対する不起訴処分の告知とは別に、被疑者（犯罪の嫌疑をかけられて捜査の対象にされた起訴前の者）に対しても、検察官は、不起訴処分にした場合は、被疑者からの請求があったときは、速やかにその旨を告知する必要があります（259条）。この場合は、不起訴処分をした旨の告知をすればよく、不起訴処分の理由の告知は必要ないと解されています。起訴された場合は、裁判所から起訴状の謄本の送達がなされますから、検察官からの告知はありません。検察官が判断を誤り、不起訴処分とすべき被疑者を起訴した場合（例えば、嫌疑のない起訴）の被疑者の救済手段は整備されていません。救済手段に代わるものとして、検察官による公訴の取消（257条）の制度によるほか、①国家賠償請求訴訟で違法な公権力の行使として公務員の責任を明確にしたり、②公務員の職権濫用罪（刑法193条）の責任を追及したり、③行政法上の公務員の懲戒処分を

求めたりすることはできます。ただ、これらの手段では、迅速な救済ができないので、公訴権の濫用の法理により裁判所は形式裁判で訴訟手続を打ち切るべきできあるという理論が主張されており、最高裁判所も厳格な要件で認めています。公訴権の濫用とされる類型には、①犯罪の客観的嫌疑が不十分なまま起訴された場合、②起訴猶予にすべき事件が起訴された場合、③違法な捜査に基づいて起訴された場合があります。

(7) 検察官に対する不起訴処分の理由の告知の請求は、口頭（電話）でも構いませんが、書面でする場合も書式は自由です。例を示すと次の通りです。

不起訴処分理由告知請求書

平成○年○月○日

○○地方検察庁

検察官検事　○○○○　殿

〒000-0000 ○県○市○町○丁目○番○号
告発人　　○○○○　（印）
電話000-000-0000

平成○年○月○日付検務第○○○号「処分通知書」に係る不起訴処分理由の告知の請求について

標記について、下記の事件に係る処分通知書を受領したが、刑事訴訟法第261条の規定により下記事件について不起訴処分理由の告知を請求するので速やかに送付されたい。

記

事件番号
　①平成○年検第1-0517号、②平成○年検第1-0518号
　③平成○年検第1-0519号、④平成○年検第1-0520号

以上

(8) 検察官に対して不起訴処分の理由の告知の請求をした場合は、次例のような「不起訴処分理由告知書」が郵送されてきます。

不起訴処分理由告知書

刑第〇〇〇号
平成〇年〇月〇日

〇〇〇〇　殿

〇〇地方検察庁

検察官検事　〇〇〇〇（印）

貴殿の請求により下記のとおり告知します。

記

貴殿から平成〇年〇月〇日告発のあった①〇〇〇〇、②〇〇〇〇、③〇〇〇〇、④〇〇〇〇に対する虚偽有印公文書作成・同行使被疑事件の不起訴処分の理由は、次のとおりです。

不起訴処分の理由　　　いずれも起訴猶予

事件番号
　①平成〇年検第1-0517号、②平成〇年検第1-0518号、
　③平成〇年検第1-0519号、④平成〇年検第1-0520号

以上

Q5 検察官が不起訴処分にした場合は、どうするのですか

1 検察審査会への審査の申立

(1) 検察官が不起訴処分にした場合の告訴人や告発人の救済方法には、大別すると、①検察審査会への審査の申立、②付審判請求（Q7に説明する公務員の職権濫用罪その他の一定の犯罪に限られます）、③上級検察庁の長に対する不服申立があります。

まず、告訴人または告発人は、検察官の公訴を提起しない処分（不起訴処分）について不服がある場合は、その検察官の属する検察庁の所在地を管轄する検察審査会に対して、その不起訴処分の当否の審査を申し立てることができます（検察審査会法30条）。審査の申立の費用は無料です。審査申立書の提出先の検察審査会の事務局は全国の地方裁判所とその支部の建物内にあります。審査申立書は郵送で提出することができます。検察審査会の郵送先の住所・名称・電話番号はNTTの職業別電話帳に掲載されています。

(2) 検察審査会とは、検察官が起訴または不起訴とする権限を独占しているのに対して、その権限の濫用を防止するために設けられた制度をいいます。検察審査会は、衆議院議員の選挙権を有する者の中からクジで選ばれた11人の検察審査員（任期は6カ月で3カ月ごとに半数の5人か6人が入れ替わる）で組織されます。

ただ、平成21年5月改正法施行前は、検察審査会が起訴相当の議決をした場合でも、検察官は、その議決に拘束されないとされていましたから、検察審査会制度は役立たないとの非難があったため検察審査会法が改正され、平成21年5月の裁判員制度の実施にあわせて、検察審査会の起訴相当の議決に法的拘束力を持たせることになりました。

起訴相当の議決があった場合は検察官は再捜査をし3カ月以内に起訴するか否かを判断し、起訴しない場合には検察審査会は再度8人以上の多数により起訴議決をした場合は、裁判所の指定した弁護士が検察官に代わって起訴をすることになります。
　　最近の事例では、民主党の小沢一郎前幹事長が政治資金規正法違反容疑で告発された事件で2010年4月27日に東京第5検察審査会が全員一致の「起訴相当」の議決をしました。この議決を受けて検察官が再捜査をして再び不起訴としたので東京第5検察審査会は2010年8月現在では再審査をしています。仮に再審査で検察審査員11人中8人以上で起訴相当の議決をした場合には裁判所が指定した弁護士が検察官に代わって強制的に起訴をすることになります。
(3)　検察審査会は、審査の結果、次のいずれかの議決をしますが、①起訴相当の議決をする場合には検察審査員8人以上の賛成が必要です。②不起訴不当と③不起訴相当の議決は過半数（6人以上）により議決します（検察審査会法39条の5）。
　①　起訴相当　（起訴をすべきだとする議決）・・・11人中の8人以上
　②　不起訴不当　（不起訴処分は不当だとする議決）・・・11人中の6人以上
　③　不起訴相当　（不起訴処分は正しいとする議決）・・・11人中の6人以上
(4)　検察審査会は、理由を付した議決書を作成し、議決書の謄本(とうほん)は処分をした検察官を指揮監督する地方検察庁の長である検事正と検察官適格審査会に送付し、議決後7日間、検察審査会事務局の掲示場に掲示するとともに、告訴人や告発人には議決の要旨を通知する必要があります。
(5)　起訴相当又は不起訴不当とする議決書の送付を受けた検察官は、再捜査をして、起訴するかどうかを検討の後、その結果が検察審査会に通知されます。起訴相当の議決に対して、検察官が再び不起訴

処分にした場合や検察官が3カ月以内に検討の結果を検察審査会に通知しない場合には不起訴処分がなされたものとみなして、検察審査会は、その不起訴処分の当否について再審査をする必要があります。検察審査会は、再審査に際して、改めて11人中の8人以上の多数により起訴をすべき旨の議決をすることができます。この起訴議決があった場合には、検察審査会は、その所在地を管轄する地方裁判所に議決書の謄本を送付する必要があります。裁判所は、起訴議決のあった事件について公訴の提起や公判維持に当たる者を弁護士の中から指定する必要があります（検察審査会法41条の9）。この指定弁護士が公訴を提起したり公判を維持するための検察官の職務を行うことになります（検察審査会法41条の10）。

(6) 平成21年5月から施行された改正検察審査会法によって強制起訴された事例としては、①兵庫県明石市の歩道橋事故や②JR宝塚線脱線事故の事件がありますが、改正法による強制起訴について次のような懸念や疑問点が挙げられています。

① 強大な権力機関である検察官の独善や権力の濫用を防止するために一般市民のチェックは必要だが、確実な証拠に基づかない起訴議決は新たな冤罪を生むことになりかねない。

② 法律の専門家の検察官が嫌疑不十分（証拠不十分）と判断したのに、一般市民が証拠は十分にあると判断するのは無理がある。

③ 検察官は検察官同一体の原則（すべての検察官が統一のある組織体とされること）から全国一律の判断基準があるが、各地の検察審査会には一律の判断基準がない。

④ 証拠はあるが不起訴とする「起訴猶予」について起訴議決をするのは問題ないが、嫌疑不十分で証拠もないのに起訴議決をし続けると無罪判決が増えて人権侵害が続出することになる。

⑤ 一般市民は「グレー」な状態でも公開の法廷で審理すべきだという判断に傾きやすいが、起訴議決をするからには説得力のある理由を示す必要がある。

2 検察審査会への審査申立書の書き方

(1) 検察審査会へ提出する審査申立書の書き方は決まっていませんから、各地の地方裁判所庁舎内にある検察審査会の事務局で無料で交付される簡単な記入用紙を使用しても構いませんが、記入欄が狭くて書きにくい場合は、次例のような書式でパソコンやワープロを使用して作成するのが便利です。検察審査会への提出通数は、1通です。

(2) 審査申立書を読むのは法律の専門家ではなく、一般の市民ですから、なるべく専門用語は使用せずに、分かりやすく記載することが大切です。重要な証拠書類がある場合は、その証拠書類の写し（コピー）を添付します。

(3) 前に示した虚偽有印公文書作成・同行使被疑事件の不起訴処分理由通知書の事件の記載例を示すと次の通りです。

審査申立書

平成○年○月○日

○○検察審査会　御中

　　申立人　（住所）　○県○市○町○丁目○番○号

　　　　　　（氏名）　　○○○○　　（印）

　　　　　　（資格）告発人　（職業）農業　（年齢）65歳

　　　　　　（電話）000-000-0000

検察審査会法第30条の規定に基づき下記の通り審査の申立をする。

記

第1　罪名
1　虚偽有印公文書作成罪（刑法第156条）
2　虚偽有印公文書行使罪（刑法第158条）

第2　不起訴処分年月日

平成○年○月○日（処分通知書は、同日付検務第○○○号）

第3　不起訴処分をした検察官
　　○○地方検察庁　　検察官検事　　　○○○○

第4　被疑者
　　1　○○○○　　（○県の公務員　　住居・年齢は不詳）
　　2　○○○○　　（○県の公務員　　住居・年齢は不詳）
　　3　○○○○　　（○県の公務員　　住居・年齢は不詳）
　　4　○○○○　　（○県の公務員　　住居・年齢は不詳）

第5　被疑事実の要旨
　（告発状や告訴状に記載した犯罪事実を記載します。告発状や告訴状に記載した犯罪事実をそのまま記載しても構いませんが、できれば一般の市民が読みやすいようにやさしく書き直します。）

第6　不起訴処分を不当とする理由
　（なるべく箇条書きにして、やさしく記載します。理由の根拠となる証拠がある場合は、告発状や告訴状に添付した証拠の表示をします。できれば重要な証拠の文書の写し（コピー）を添付します。目撃者その他の証人がいる場合は、その者の氏名・住居を記載します。）

第7　備考
　（審査をする上で、参考になると思う事項がある場合に記載します。参考になる書類を添付する場合は、その書類の表題を記載します。）

以上

審査申立書の説明
　① 表題は、審査申立書とします。用紙は告訴状や告発状の作成の

場合と同様にA4サイズの用紙に横書き・片面印刷にします。
② 右上の日付は審査申立書の提出日（投函日）または作成日とします。
③ 宛先は、不起訴処分をした検察官の属する検察庁の所在地の検察審査会名とします。NTTの職業別電話帳に名称や住所も掲載されています。
④ 罪名は、処分通知書の記載の通りに記載します。
⑤ 不起訴処分年月日は、処分通知書の記載の通りに記載します。
⑥ 被疑者の氏名・住居・職業・年齢のうち処分通知書で分かる範囲で記載します。
⑦ 被疑事実の要旨には、告発状や告訴状に記載した犯罪事実を記載しますが、できれば一般の市民にも分かるようにやさしく記載します。
⑧ 不起訴処分を不当とする理由には、できれば証拠書類や証人（参考人）を明示して一般の市民を説得することができるように記載します。最も重要な箇所ですから、詳細に記載します。検察審査会事務局から交付を受けた記入用紙を使用する場合には、記入欄が狭いので書ききれませんから、別紙に記載して別紙を添付することとします。
⑨ 備考には、審査の参考になると思う事項がある場合に記載します。
⑩ 検察審査会事務局から交付を受けた用紙を使用しない場合に、審査申立書が2枚以上になる場合には、下部に-1-、-2-、-3-のような頁数を付けておきます。

3 上級検察庁の長に対する不服申立

(1) 検察官のした不起訴処分については、行政処分に対する不服を争う行政不服審査法は適用されないこととされています（行政不服審査法4条1項6号）。

(2) 法令に明文の規定はありませんが、実務上、上級検察庁の長（高等検察庁の検事長）に対して不服申立をして監督権の発動を促すことができます。このような不服申立があった場合は、その上級検察庁において受理し、その不起訴処分について再検討をするなどの処理がなされます。検察官の組織は、「検察官同一体の原則」により上司の指揮監督権その他の権限により統一のある組織体とされています。この不服申立権の性質は、請願権の一種と考えられています。従って、この場合の不服申立書の表題は「請願書」とし、告訴状や告発状と同様の要領で作成しますが、「請願法に基づき請願する」旨を明記しておきます。

Q6 虚偽告訴の罪とは、どういうものですか

1 虚偽告訴の罪とは

(1) 虚偽告訴の罪とは、<u>他人に刑事または懲戒の処分を受けさせる目的で、虚偽の告訴・告発その他の申告をした者を3カ月以上10年以下の懲役に処する犯罪をいいます</u>（刑法172条）。本罪は、虚偽の事実を虚構して（でっち上げて）他人を罪に陥れる犯罪なのです。

(2) 虚偽告訴の罪の「虚偽」とは、客観的真実に反することをいいます。従って、客観的に真実である事実を虚偽であると誤信して申告しても国家の審判作用を害することにならないので本罪は成立しません。申告者がその事実が虚偽であることを知りながら、他人に刑罰や懲戒の処分を受けさせる目的で申告した場合に本罪は成立します。

(3) 偽証罪（刑法169条）での「虚偽」とは、証人の記憶に反する供述をいいますから、本罪の虚偽とは虚偽の意味が異なります。偽証罪の場合は、証人の記憶に反する供述自体が国家の審判作用を誤らせる危険があるからです。

(4) 虚偽告訴罪を犯した者が、その申告をした事件について、その裁判が確定する前または懲戒処分が行われる前に自白した場合には、その刑を減軽（軽くすること）し、または免除することができるとされています（刑法173条）。

(5) 告訴状や告発状を提出する場合には、相手方から虚偽告訴の罪で逆に告訴されないように確実な証拠を添付する必要があります。確実な証拠もないのに安易に告訴状や告発状を提出すると、被疑者として事件に巻き込まれることになりますから注意が必要です。

2　虚偽の申告

(1) 本罪が成立するためには、申告者は、申告する事実が虚偽であることを認識している（知っている）必要があります（故意犯）。この認識は、判例によると、あるいは虚偽であるかもしれないという認識（未必的認識）でもよいとしています。

(2) 本罪が成立するためには、他人に刑事の処分または懲戒の処分を受けさせる目的で虚偽の申告をする必要があります（目的犯）。刑事の処分とは、各種の刑罰のほか、少年に対する保護処分や売春防止法での補導処分なども含まれます。懲戒の処分には、公務員に対する懲戒処分のほか、国会議員に対する懲罰、裁判官に対する懲戒、弁護士・行政書士その他の士業（……士とつくものは全て）に対する懲戒も含まれます。

(3) 本罪の成立時期は、虚偽の申告が捜査機関や懲戒権者に到達することによって成立します。到達して閲覧可能な状態に置かれれば足り、実際にその内容を知ることや捜査を開始することは必要ではありません。

(4) 虚偽の申告は自発的になされる必要があることから、捜査機関や懲戒権者の取り調べを受けて虚偽の回答をしても本罪は成立しません。しかし、取り調べの対象とは別の虚偽の犯罪事実を申告した場合には、本罪が成立します。

(5) 架空人の虚偽の犯罪行為を申告しても虚偽告訴にはなりません。自分の虚偽の犯罪行為を申告しても虚偽告訴にはなりません。

(6) 虚偽の申告の方法は、口頭でも書面でもよく、告訴や告発の方法による場合のほか、匿名による申告や他人名義での申告でも構いません。

Q7 付審判請求とは、どういうことですか

1 付審判請求とは

(1) 付審判請求とは、<u>公務員の職権濫用の罪について、告訴や告発をした者が、検察官の不起訴処分に不服がある場合に、その検察官の属する検察庁の所在地を管轄する地方裁判所にその事件を裁判所の審判に付すること</u>を請求することをいいます（262条）。この請求に理由があると裁判所が判断した場合には、その事件を裁判所の審判に付する旨の決定がなされて、公訴提起（起訴）の効力が生じます。この手続を準起訴手続ともいいます。検察審査会の制度とともに、検察官による「起訴独占主義」の例外をなす制度となっています。付審判請求の制度は、公務員による人権蹂躙事件の犯罪が公務員である検察官によって適切に起訴されない場合に備えた規定といえます。

(2) 付審判請求のできる公務員の職権濫用の罪の主なものは次の通りです。

---

① 公務員職権濫用罪（公務員が、その職権を濫用して、人に義務のないことを行わせ、または権利の行使を妨害した罪。刑法193条）

② 特別公務員職権濫用罪（裁判・検察・警察の職務を行う者またはこれらの職務を補助する者が、その職権を濫用して、人を逮捕し、または監禁した罪。刑法194条）

③ 特別公務員暴行陵虐罪（裁判・検察・警察の職務を行う者またはこれらの職務を補助する者が、その職務を行うに当たり、被告人、被疑者その他の者に対して暴行または凌辱〔はずかし

> めを与えること〕もしくは加虐〔虐待を加えること〕の行為をした罪。法令により拘禁された者を看守しまたは護送する者が、その拘禁された者に対して暴行または凌辱もしくは加虐の行為をした罪。刑法195条）
> ④　特別公務員職権濫用等致死傷罪（上の②③の罪を犯し、よって人を死傷させた罪。刑法196条）
> ⑤　公安調査官職権濫用罪（破壊活動防止法45条）

(3)　付審判請求は、不起訴処分の通知を受けた日から7日以内に、付審判請求書を、公訴を提起しない処分をした検察官に差し出して行う必要があります（262条2項）。この場合に、検察官は、その請求を理由があると認めた場合には、公訴を提起する必要があります（264条）。一方、検察官は、付審判請求に理由がないと判断した場合は、付審判請求書を裁判所へ送付します。

　　付審判請求と検察審査会への審査申立とは無関係ですから、両方を並行して行うことができます。

2　付審判請求書の書き方

(1)　付審判請求書の書き方は決まっていませんが、Q3で説明した告訴状や告発状と同様にA4サイズの用紙に横書き・片面印刷にします。付審判請求書には、裁判所の審判に付せられるべき事件の犯罪事実と証拠を記載する必要があります（規則169条）。

公務員職権濫用罪の記載例

> 事件名　　　公務員職権濫用被疑事件
> 　　　　　　　　付審判請求書
> 　　　　　　　　　　　　　　　　　平成〇年〇月〇日
>
> 〇〇地方裁判所　御中

付審判請求申立人　　〒000-0000 ○県○市○町○丁目○番○号
　　　　　　　　　　　　　　　　　　　　　○○○○　　　（印）
　　　　　　　　　　　職業・農業　　　昭和○年○月○日生

第1　付審判請求の趣旨
　申立人は、平成○年○月○日に被疑者○○○○（○○県職員）を公務員職権濫用罪（刑法第193条）で告訴をしたところ、平成○年○月○日に○○地方検察庁検察官検事○○○○から公訴を提起しない旨の通知を受けたが、この不起訴処分に不服があるので、刑事訴訟法第262条の規定により、事件を審判に付することを請求する。

第2　申立の理由（審判に付する犯罪事実）
　1　（公務員の職権濫用行為を告訴状や告発状に準じて記載する）
　2
　3
　4　以上の通り、被疑者○○○○の犯罪事実は明らかであり、かつ、犯情に照らして起訴相当であるので、第1の付審判請求の趣旨記載の通りの裁判を求める。

第3　証拠
　1　告訴状写し
　2　○○○○の陳述書
　3　○○○○の上申書
　4　参考人　○○○○（住所は○県○市○町○丁目○番○号）

第4　添付書類
　　第3の証拠の1ないし3の写し　　　　　各1通

　　　　　　　　　　　　　　　　　　　　　　　　　　以上

3　付審判請求に対する審判

(1)　付審判請求に対する審理や裁判は、合議体（3人の裁判官で構成）で行う必要があります（265条1項）。

(2)　裁判所は、付審判請求を受けた場合は、次の区別に従って決定をする必要があります（266条）。

　①　請求が法令上の方式に違反し、もしくは請求権の消滅後になされたものであるとき、または請求が理由のないときは、請求を棄却します。

　②　請求が理由のあるときは、事件を管轄裁判所の審判に付します。
　　　上の②の決定があった場合は、その事件について公訴の提起があったものとみなします。

(3)　裁判所は、上の②の決定により事件が裁判所の審判に付された場合は、その事件について公訴の維持に当たる者を弁護士の中から指定する必要があります（268条1項）。

(4)　裁判所の指定を受けた弁護士は、事件について公訴を維持するため裁判の確定に至るまで検察官の職務を行います。ただし、検察事務官や司法警察職員に対する捜査の指揮は、検察官に嘱託して（依頼して）行う必要があります。この場合の検察官の職務を行う弁護士は、法令により公務に従事する職員とみなします（268条2項・3項）。

(5)　裁判所は、指定を受けた弁護士が職務を行うに適さないと認めた場合や特別の理由がある場合には、何時でも指定を取り消すことができます。指定を受けた弁護士には、政令で定める手当が支給されます（268条4項・5項）。

第 2 章●
犯罪の捜査は、
どのように行われるのですか

Q8 捜査機関は、どのようになっているのですか

1 捜査機関とは

(1) 捜査機関とは、①司法警察職員、②検察官、③検察事務官をいいます。

① 司法警察職員は、一般司法警察職員と特別司法警察職員に分けられますが、前者は、警察庁と都道府県の警察官の総称で、後者は、労働基準監督官、麻薬取締官、海上保安官のような特別の犯罪に限り司法警察職員として捜査する権限を有する者をいいます。

更に、司法警察職員は、司法警察員と司法巡査に分けられますが、司法巡査は、司法警察員を補助して捜査をすることができます。

② 検察官とは、刑事事件について公訴を提起し遂行することを主な任務とする独立性を持つ官庁をいいますが、必要と認める場合は、いつでも、どんな犯罪についても自ら捜査をすることができます。一般的には、司法警察職員が第一次的捜査機関であり、検察官は第二次的捜査機関とされていますから、大部分の事件については、まず警察で捜査が進められ、その後、関係書類や証拠物が検察官に送致されます（246条）。

③ 検察事務官とは、検察官を補佐しまたは検察官の指揮を受けて捜査を行う検察庁の職員をいいます。

(2) 警察官の階級は、警視総監、警視監、警視長、警視正、警視、警部、警部補、巡査部長、巡査とされています（警察法62条）。一般に巡査部長以上の階級の者が司法警察員とされます。警察官は、上官の指揮監督を受け、警察の事務を執行します（警察法63条）。都道府県警察の警察官は、警察法に特別の定めがある場合を除き、当該都

道府県の管轄区域内において職権を行うものとされています（警察法64条）。

(3) 検察官の種類には、検事総長、次長検事、検事長、検事、副検事があります（検察庁法3条）。検察庁の種類には、最高検察庁、高等検察庁、地方検察庁、区検察庁があります（検察庁法2条）。検察官は、独立性を持つ個々の官庁の性質を有しますが、「検察官同一体の原則」により個々の検察官は上司の指揮監督権その他の権限によって統一性のある組織体に編成されています。

最高検察庁（東京都千代田区霞が関1-1-1所在）の長を検事総長といいます。高等検察庁（東京、大阪、名古屋、広島、福岡、仙台、札幌、高松に所在）の長を検事長といいます。地方検察庁（各都道府県に所在）の長を検事正といいます。

最高検察庁は最高裁判所に対応し、高等検察庁は高等裁判所に対応し、地方検察庁は地方裁判所・家庭裁判所に対応し、区検察庁は簡易裁判所に対応しています（検察庁法2条）。

2 各捜査機関の相互の関係

(1) 検察官と司法警察職員とは、それぞれ独立の捜査機関であって、検察官と司法警察職員とは、捜査に関して互いに協力する必要があります（192条）。しかし、捜査は公訴の提起を適正に行うためのものですから、検察官に司法警察職員に対する次のような一般的指示権と具体的指揮権が与えられています。司法警察職員は、次の検察官の指示または指揮に従う必要があります（193条4項）。

① 検察官は、その管轄区域により、司法警察職員に対し、その捜査に関し、必要な一般的指示をすることができます。この場合の指示は、捜査を適正にし、その他公訴の遂行を全うするために必要な事項に関する一般的な準則を定めることによって行うものとされています（193条1項・一般的指示権）。例えば、犯罪事実が極めて軽微で検察官への送致手続をとる必要のない微罪処分の基

準を定めています。
　②　検察官は、その管轄区域により、司法警察職員に対し、捜査の協力を求めるため必要な一般的指揮をすることができます（193条2項・一般的指揮権）。
　③　検察官は、自ら犯罪を捜査する場合において必要があるときは、司法警察職員を指揮して捜査の補助をさせることができます（193条3項・具体的指揮権）。
(2)　検察官と公安委員会とは、捜査に関し、互いに協力しなければならないとされています（192条）。
(3)　検察官と検察事務官との関係は、検察事務官は、捜査に関して検察官の指揮を受けて行うものとされています（191条2項）。
(4)　一般司法警察職員相互の関係は、警察法に次のように規定されています。
　①　各都道府県警察は、相互に協力する義務を負います（警察法59条）。
　②　都道府県公安委員会は、警察庁または他の都道府県警察に対して援助の要求をすることができます（警察法60条1項）。
　③　管轄区域の境界周辺における事件については、管轄区域外に権限を及ぼすことができます（警察法60条の2）。
　④　都道府県警察は、広域組織犯罪等（全国的な犯罪や国外での犯罪）を処理するため必要な限度において、その管轄区域外に権限を及ぼすことができます（警察法60条の3）。
(5)　一般司法警察職員と特別司法警察職員（例えば、労働基準監督官、麻薬取締官、海上保安官）の関係は、一般的には競合していますが、特定の分野については特別司法警察職員に第一次的な責任があります。

Q9 捜査を開始するのは、どんな場合ですか

1 捜査の端緒

(1) 捜査とは、捜査機関（司法警察職員、検察官、検察事務官）が犯罪があると思った場合に、公訴の提起や遂行に必要な犯罪行為に関する証拠と犯人を発見し収集し保全する手続をいいます。

(2) 捜査の端緒（きっかけ）とは、捜査機関が犯罪の嫌疑をいだいて捜査を開始する原因をいいます。捜査機関は、犯罪があると思った場合（犯罪の嫌疑が生じた場合）は、捜査を開始します（189条2項、191条1項）。

(3) 捜査の端緒として主なものには次のものがあります。①から⑥は申告による場合、⑦以降は捜査機関が認知する場合です。実際の捜査の端緒で多いのは、被害届と告訴で全体の9割近くを占めています。

① 告訴（被害者その他の告訴権者が犯罪事実を捜査機関に申告する場合）

② 告発（告訴権者以外の者が犯罪事実を捜査機関に申告する場合）

③ 請求（外国国章損壊罪〔国旗などを損壊したり汚損する罪〕のように特定の者から捜査機関に申告する場合）

④ 自首（犯人が自ら捜査機関に犯罪事実を申告する場合）

⑤ 被害届（被害者が被害にあった犯罪事実を捜査機関に届出をする場合）

⑥ 投書・密告（捜査機関に手紙その他の方法で犯罪事実を通知する場合）

⑦ 捜査機関による変死体の検視

⑧ 捜査機関による現行犯の発見

⑨ 捜査機関による職務質問・所持品検査・自動車検問

⑩　新聞・テレビその他のマスコミ報道
　⑪　議会での発言・風評（噂）
　⑫　他の事件の捜査中での探知
(4)　捜査の端緒から捜査の終結までの流れは一般の強制捜査（法令に基づく強制力を伴う捜査）では、次のような手続がとられます。捜査は、原則として任意捜査（処分を受ける者の承諾による捜査）によることとされています（犯罪捜査規範99条）。
　①　告訴・告発・現行犯・変死体の発見その他の捜査の端緒の認知
　②　実況見分（じっきょうけんぶん）・指紋の採取・凶器の捜索その他の捜査の開始
　③　被疑者（犯罪の容疑を受け捜査対象とされた者）の逮捕（逮捕後48時間以内に検察官に送致する）
　④　被疑者の勾留（こうりゅう）（送致後24時間以内に勾留を裁判官に請求する）
　⑤　被疑者の逮捕・勾留後の捜査（裁判官の発する令状による捜索・差押その他）
　⑥　被疑者の防御（弁護人の選任、黙秘権（もくひけん）の行使、裁判所への証拠の保全の申立）
　⑦　捜査の終結と検察官による公訴の提起

2　捜査の開始

(1)　司法警察職員は、犯罪があると思料するときは、犯人と証拠を捜査するものとされています（189条2項）。「犯罪があると思料するとき」の認定は司法警察職員が行いますが、当然、恣意的（しいてき）（一方的、自分勝手）な認定は許されません。恣意的な認定は公務員の違法行為となり国家賠償請求訴訟の対象となります。特定の犯罪が行われたことを疑わせるに足る客観的な事情の存在を必要とすると解されています。司法警察職員は、①司法警察員（一般に巡査部長以上の階級の警察官）と②司法巡査（巡査の階級の警察官）とに分けられます。逮捕状その他の令状の請求、告訴や告発の受理その他の重要な処分権限は司法警察員に限られています。

Q9——捜査を開始するのは、どんな場合ですか

(2) 検察官は、必要と認めるときは、自ら犯罪を捜査することができます（191条1項）。司法警察職員との関係では、検察官は第二次的・補充的な捜査を担当します。検察事務官は、検察官の指揮を受けて捜査をします（191条2項）。
(3) 捜査機関が犯罪の端緒を得ると、捜査を開始しますが、捜査は、本来、捜査活動自体と被疑者その他の関係人の人権とが常に対立ないし矛盾する要素を持っていますから、しばしば捜査機関による人権侵害事件が起こるのです。
(4) 犯罪捜査規範（国家公安委員会規則）は、次のように規定しています。
  ① 捜査の着手については、犯罪の軽重および情状、犯人の性格、事件の波及性および模倣性（もほうせい）、捜査の緩急等諸般の事情を判断し、捜査の時期または方針を誤らないように注意しなければならない（犯罪捜査規範77条）。
  ② 捜査を行うに当たっては、秘密を厳守し、捜査の遂行に支障を及ぼさないように注意するとともに、被疑者、被害者その他事件の関係者の名誉を害することのないように注意しなければならない（9条1項）。
  ③ 捜査を行うに当たっては、秘密を厳守するほか、告訴、告発、犯罪に関する申告その他犯罪捜査の端緒または犯罪捜査の資料を提供した者の名誉または信用を害することのないように注意しなければならない（9条2項）。

Q10 任意捜査の原則とは、どういうことですか

1 任意捜査とは

(1) 任意捜査とは、相手方の承諾のもとに行われる捜査その他の強制捜査以外の捜査をいいます。これに反して、刑事訴訟法の規定による強制力を用いる捜査を強制捜査といいます。任意捜査の手段や方法には制限はなく、法律の規定がなくても適宜（その場に見合った）の方法で捜査をすることができますが、強制捜査は、相手方の人権に重大な影響を与えるので、刑事訴訟法に定める方法によってのみ行うことができます。このことを「強制処分法定主義」といいます。

(2) 刑事訴訟法197条1項は、「捜査については、その目的を達するため必要な取り調べをすることができる。ただし、強制の処分は、この法律に特別の定めがある場合でなければ、これをすることはできない」と規定しています。この規定の本文は、「任意捜査の原則」を規定し、但し書は、例外としての強制捜査について規定しています。本条にいう取り調べとは、被疑者（犯罪の嫌疑を受け捜査機関の捜査の対象とされている者）や参考人（告訴人・告発人・目撃者その他の第三者）の取り調べに限らず、広く捜査目的のための個々の捜査行為をいいます。任意捜査の方法には、鑑定・通訳・翻訳の嘱託、公務所等への照会のような法律の規定のあるもののほか、内偵、聞き込み、尾行、公道おける実況見分などがあります。

(3) 最高裁判所判例では、任意捜査における有形力の行使（例えば、職務質問に伴う実力による停止措置）も、例えば、逮捕のような特別の根拠規定のない限り許されない強制処分に至らない限り、「必要性・緊急性なども考慮したうえ、具体的状況のもとで相当と認められる限度において許容される」としています（昭和51年3月16日判決）。

(4) 警察官の犯罪捜査規範（国家公安委員会規則）でも次のように規定しています。
　① 捜査は、なるべく任意捜査の方法によって行わなければならない（規範99条）。
　② 任意捜査を行うに当たり相手方の承諾を求めるについては、次に掲げる事項に注意しなければならない（規範100条）。
　　一 承諾を強制し、またはその疑いを受けるおそれのある態度もしくは方法をとらないこと。
　　二 任意性を疑われることのないように必要な配慮をすること。
(5) 任意捜査の主な方法には、次のようなものがあります。
　① 被疑者の出頭要求と取り調べ（198条）
　② 参考人の出頭要請と取り調べ（223条）
　③ 鑑定・通訳・翻訳の嘱託（223条）
　④ 照会（197条2項）
　⑤ 領置（221条）
　⑥ 任意同行
　⑦ 書面の提出
　⑧ 実況見分
　⑨ 写真撮影
　⑩ おとり捜査
　⑪ 逆探知
　⑫ 盗聴
　⑬ 聞き込み、尾行、密行、張り込み、品触れ（61頁参照）

2　任意捜査の方法

(1) 被疑者の出頭要求と取り調べについては、司法警察職員、検察官、検察事務官は、犯罪の捜査をするについて必要があるときは、被疑者の出頭を求め、これを取り調べることができます（198条）。これを任意出頭とか、呼び出しといいます（詳細はQ11参照）。

(2)　参考人の出頭要請と取り調べについては、司法警察職員、検察官、検察事務官は、犯罪の捜査をするについて必要があるときは、被疑者以外の者の出頭を求め、これを取り調べることができます（223条）。被疑者以外の者とは、例えば、告訴人、告発人、被害者、目撃者をいいます（詳細はQ12参照）。
(3)　鑑定・通訳・翻訳の嘱託については、司法警察職員、検察官、検察事務官は、犯罪の捜査をするについて必要があるときは、被疑者以外の第三者に鑑定、通訳、翻訳を嘱託（依頼）することができます（223条）。
(4)　照会については、捜査機関は、捜査について公務所（国や自治体の機関）や公私の団体（会社、社団法人、財団法人その他のすべての団体）に照会して必要な事項の報告を求めることができます。報告を求められた者は、報告する義務を負いますが、強制力はなく、不履行についての制裁もありません（197条2項）。
(5)　領置については、司法警察職員、検察官、検察事務官は、被疑者その他の者が遺留した物または所有者、所持者もしくは保管者が任意に提出した物を領置することができます（221条）。領置とは、その物の占有を取得する処分で、押収の一種です。押収には、強制力をもって占有を取得する差押と任意に提出された物の占有を取得する領置とがあります。
(6)　任意同行については明文の規定はありませんが、捜査機関が、捜査上の必要により被疑者や参考人（被疑者以外の第三者）の承諾を得て、一定の場所に同行を求めることをいいます。被疑者や参考人の任意出頭と同様と解され、任意の承諾を得て行われる限り適法と解されています。
(7)　書面の提出については明文の規定はありませんが、捜査機関が、捜査上の必要により、被疑者や参考人から任意に書面の提出を受けることをいいます。任意捜査の一つとして適法とされており、捜査機関から提出を求める場合のほか、被疑者や参考人から積極的に提

出される場合もあります。例えば、告訴人が被告訴人の氏名不詳（ふしょう）として告訴状を提出していた場合に、後日、被告訴人の氏名が判明した場合や新たな証拠を発見した場合には、積極的に捜査機関に情報を提出する必要があります。この場合の書面の表題は、一般に「上申書」という表題を付します。

(8) 実況見分とは、強制力を用いない任意捜査としての検証をいいます。検証とは、五官の作用により目的物（身体、場所、物）の性質や状況を認識することをいいます。例えば、交通事故の現場での実況見分があります。実況見分は、居住者、管理者その他関係者の立会を得て行い、その結果を「実況見分調書」に正確に記載しておく必要があります（犯罪捜査規範104条2項）。

(9) 写真撮影は、肖像権との関連で問題がありますが、最高裁判所判例は、違法なデモ行進の状態や違反者を確認するために警察官が撮影した場合について、現に犯罪が行われまたは行われて間もないと認められる場合であって、証拠保全の必要性と緊急性があり、その撮影が一般的に許容される限度を超えない相当な方法をもって行われるときは、撮影される本人の同意がなく、裁判官の令状がなくても適法であるとしています（昭和44年12月2日判決）。

(10) おとり捜査とは、捜査官またはその協力者が身分や目的を隠して犯人と思われる者に犯罪を実行するようにそそのかして犯罪を実行させて現行犯で逮捕する捜査方法をいいます。最高裁判所判例は、通常の捜査方法では、その犯罪の摘発が困難である場合に、機会があれば犯罪を行う意思があると疑われる者を対象として、おとり捜査を行うことは任意捜査として許容されるとしています（平成16年7月12日判決）。麻薬及び向精神薬取締法58条は、「麻薬取締官および麻薬取締員は、麻薬に関する犯罪の捜査にあたり、厚生労働大臣の許可を受けて、この法律の規定にかかわらず、何人からも麻薬を譲り受けることができる」と規定して、おとり捜査を合法としています。

(11) 逆探知とは、電話を利用して脅迫などの犯罪行為をしている現行犯人がいる場合に、捜査機関が、被害者と電話会社の協力を得て犯人からの電話の発信場所を探知する捜査方法をいいます。捜査機関が、被害者側の電話端末に録音機を設置して犯人からの通話内容を録音する場合も、被害者の同意がある限り適法な任意捜査となります。

(12) 盗聴（秘聴）とは、他人間の通話内容を当事者双方の同意を得ないで秘かに聴取することをいいますが、通信傍受法制定前は任意捜査として行われる場合がありました。しかし、現在は、通信の当事者のいずれの同意も得ないで電気通信の傍受を行う強制処分については、別に法律に定めるところによるとされており（222条の2）、「犯罪捜査のための通信傍受に関する法律」では、組織的な殺人、薬物および銃器の不正取引に係る犯罪などについては、通信の傍受令状により適法に盗聴をすることができることとされています。

(13) ①聞き込みとは、情報を持っていると思われる者（参考人）に捜査に必要な取り調べとして聴取することをいいます。②尾行とは、被疑者の発見のために気づかれないように後をつけることをいいます。③張り込みとは、被疑者の発見のために現れそうな場所で待ち構えることをいいます。④品触れとは、盗品などの発見のために捜査機関が品目その他の特徴を記載して古物商や質屋に通知することをいいます。

Q11 被疑者の取り調べは、どのように行われるのですか

1 被疑者への出頭要求と取り調べ

(1) 捜査機関（司法警察職員、検察官、検察事務官）は、犯罪の捜査をするについて必要がある場合には、被疑者の出頭を求めて、取り調べをすることができます（198条1項本文）。

<u>被疑者とは、特定の犯罪の嫌疑を受けて捜査機関による捜査の対象とされている者で起訴される前の者をいいます。起訴された後は、被告人といいます。犯罪との何らかの関係が疑われていても、証拠に基づき犯罪の嫌疑が具体化する以前の段階では参考人</u>といいます。被告訴人（告訴された者）や被告発人（告発された者）は、一般に捜査機関が犯罪事実を知った時から被疑者とされます。

(2) 被疑者の取り調べは、逮捕または勾留（裁判官の決定による拘禁）されている場合を除いて、任意捜査ですから、出頭を拒み、または出頭後、いつでも退去することができます（198条1項但し書）。捜査実務では、逮捕または勾留されている場合には、出頭義務と不退去義務（滞留義務）があるとしています。しかし、被疑者が捜査機関の再三にわたる出頭要求にもかかわらず、正当の理由なく出頭しない場合には、逃亡や証拠隠滅のおそれがある場合として逮捕される場合がありますから注意が必要です。

2 被疑者の黙秘権と供述調書の作成

(1) 被疑者を取り調べる場合には、捜査機関は、被疑者に対して、あらかじめ、自己の意思に反して供述をする必要がない旨を告げる必要があります（198条2項）。これを供述拒否権の告知といいます。被疑者の権利としては、黙秘権といいます。憲法38条1項でも、「何

人も、自己に不利益な供述を強要されない」として黙秘権を規定しています。

　　警察官の犯罪捜査規範169条では、「①被疑者の取り調べを行うに当たっては、あらかじめ、自己の意思に反して供述する必要がない旨を告げなければならない。②前項の告知は、取り調べが相当期間中断した後、再びこれを開始する場合または取調警察官が交代した場合には、改めて行わなければならない」と規定しています。

(2)　被疑者が供述した場合は、捜査機関は、その供述を調書（供述調書）に録取することができます（198条3項）。この場合の供述調書は、被疑者に閲覧させ、または読み聞かせて、誤りがないかどうかを尋ねて、被疑者が増減変更の申立をした場合には、その申立の供述を調書に記載する必要があります（198条4項）。被疑者が、供述調書に誤りがないことを申し立てたときは、捜査機関は、調書に署名と押印をすることを求めることができます。ただ、被疑者は、署名や押印を拒絶することができます（198条5項）。

(3)　被疑者の供述調書の作成の仕方は決まっていませんが、大別すると、①一問一答式（質問とその答えを記載する方式）と②供述内容を物語形式に記載する方式とがあります。いずれの場合でも、捜査機関の都合の良いように作成されますから、供述者の真意と異なる場合が多いのです。供述調書を閲覧して真意と異なる場合や誤りがある場合には、増減変更の申立をして訂正して貰う必要があります。現在では、一般に供述調書はパソコンで作成されますが、訂正方法には、その部分を書き直す方法と申し立てた訂正内容を追加して記載する場合があります。一般に、供述した通りに正確に作成された場合は、署名と押印をしますから、捜査機関からの呼び出しに応じて出頭する場合には、印鑑（認め印）を持参します。印鑑のない場合は、指印に代えます。

(4)　被疑者の供述調書には次の記載例のような供述拒否権（黙秘権）の告知をした旨が記載されます。参考人（例えば、目撃者、告訴人、告

発人）の供述調書の場合には、供述拒否権の告知の義務がありませんから、次例のような黙秘権の告知の記載はありません。供述調書は、一般にA4サイズの用紙に片面印刷で作成されます。

供　述　調　書

本籍　　〇県〇市〇町〇丁目〇番地
住居　　〇県〇市〇町〇丁目〇番〇号
職業　　農業
氏名　　〇〇〇〇
　　　　昭和〇年〇月〇日生（〇〇歳）

　上記の者に対する〇〇（例えば、暴行、傷害、器物損壊などの罪名）被疑事件につき、平成〇年〇月〇日、〇〇警察署において、本職は、あらかじめ被疑者に対し、自己の意思に反して供述する必要がない旨を告げて取り調べたところ、任意次のとおり供述した。

　〇　供述内容は、一問一答式または物語形式（箇条書きの場合もある）で記載される

　　　　　　　　　　　　　　　　　　　　　　〇〇〇〇　（印）

以上のとおり録取して読み聞かせたところ、誤りのないことを申し立て署名押印した。
前同日
　　　　　　　〇〇警察署
　　　　　　　　司法警察員　巡査部長　　〇〇〇〇　（印）

---

(5)　適法に作成された被疑者の署名または押印のある供述調書（供述録取書）は、公判において証拠として用いることができる場合があります。①その供述が被告人（現に被告人であれば、供述当時、被疑者や参考人でもよい）に不利益な事実を承認するものである場合には、任意性を要件として、②それ以外の供述の場合は、特に信用すべき

情況下のものであることを要件として、それぞれ証拠能力が認められます（322条1項）。

(6)　強制・拷問(ごうもん)・脅迫(きょうはく)による自白、不当に長く抑留・拘禁された後の自白その他任意になされたものでない疑いのある自白は、証拠とすることはできませんから（319条1項）、そのような自白を内容とする供述調書の証拠能力は否定されます。被告人は、公判廷における自白であると否とを問わず、その自白が自己に不利益な唯一の証拠である場合には有罪とされることはありません（319条2項）。

Q11──被疑者の取り調べは、どのように行われるのですか

Q12 被疑者以外の者の取り調べは、どのように行われるのですか

1 被疑者以外の者（参考人）への出頭要請と取り調べ

(1) 被疑者以外の第三者を参考人といいますが、参考人には、事件の被害者や目撃者、告訴人、告発人その他の事件について何らかの情報を持っている人達がいます。実務上、犯罪行為の目撃者のような証明力の強い供述のできる参考人を重要参考人ともいいます。

(2) 捜査機関（司法警察職員、検察官、検察事務官）は、犯罪の捜査をするについて必要がある場合には、被疑者以外の者（参考人）の出頭を求めて、これの取り調べをすることができます（223条1項）。この取り調べも、任意捜査ですから、被疑者の場合と同様に、出頭を拒み、または出頭後、いつでも退去することができます。捜査機関は、参考人の供述を参考人供述調書に録取（記録）することができますが、その調書は、参考人に閲覧させ、または読み聞かせて、誤りがないかどうかを問い、参考人が増減変更の申立をした場合には、その供述を調書に記載する必要があります。参考人が、調書に誤りがないことを申し立てた場合には、調書に署名と押印をすることを求めることができますが、署名や押印を拒絶した場合には強制することはできません（223条2項）。参考人の取り調べの場合には、被疑者の場合とは異なり、供述拒否権（黙秘権）の告知の必要はありません。

(3) 被疑者以外の第三者に対しては、捜査機関は、鑑定、通訳または翻訳を嘱託（依頼）することができます。

2 参考人の供述調書の作成

(1) 参考人の供述調書の作成の仕方も決まっていませんが、被疑者の

供述調書と同様に、①一問一答式（問いと答えを記載する方法）と②物語形式（箇条書きにする場合もある）に記載する場合とがあります。いずれの場合でも、捜査機関が要約して都合の良いように作成しますから、誤りがある場合や真意が伝わっていない場合には、増減変更を申し立て訂正をして貰います。

(2)　参考人の供述調書の記載例は次の通りです。被疑者の場合と異なり、黙秘権の告知（自己の意志に反して供述する必要がない旨を告げること）の記載がありません。供述調書は、一般にA4サイズの用紙に片面印刷で作成されます。呼び出しに応じて捜査機関に出頭する場合は、印鑑（認め印）を持参します。

```
                供　述　調　書
    住居　　○県○市○町○丁目○番○号
    職業　　○○
    氏名　　○○○○
              昭和○年○月○日生（○○歳）
  上記の者は、平成○年○月○日、○○警察署において、本職に対
し、任意次のとおり供述した。

  ○　供述内容は、一問一答式または物語形式（箇条書きの場合も
ある）で記載される
                                    ○○○○　（印）
  以上のとおり録取して読み聞かせたところ、誤りのないことを申
し立て署名押印した。
    前同日
              ○○警察署
                  司法警察員　巡査部長　　○○○○　（印）
```

(3)　適法に作成された被疑者以外の者（参考人）の署名または押印のあ

る供述調書（供述録取書）は、公判において証拠として用いることができる場合があります。例えば、検察官の面前での参考人供述調書（録取書）は、その供述者が死亡したり行方不明になった場合には、証拠能力が認められる場合があります（321条1項）。

3 参考人の出頭・供述拒否と証人尋問の請求

(1) 犯罪捜査に欠くことのできない知識を有すると明らかに認められる者（例えば、ひき逃げした車の隠し場所を知っている者や犯人の逃走先を知っている者）が、参考人としての任意出頭要請や取り調べに対して出頭や供述を拒んだ場合には、第1回公判期日前に限り、検察官は、裁判官にその者の証人尋問を請求することができます（226条）。

(2) 任意の取り調べに対して任意の供述をした参考人が、公判期日において前にした供述と異なる供述をするおそれがあり、かつ、その者の供述が犯罪の証明に欠くことができないと認められる場合も、第1回公判期日前に限り、検察官は、裁判官にその者の証人尋問を請求することができます（227条）。

Q13 強制捜査とは、どういうことですか

1 強制捜査とは

(1) 強制捜査とは、相手方の意思にかかわらず、強制的に行う強制処分による捜査であって、刑事訴訟法に特別の規定がある場合に限って行うことができます（197条1項但し書）。強制処分とは、逮捕・捜索・差押えのような処分を受ける者の意思を制圧して、その者の権利や利益に制約を加える処分をいいます。捜査は、任意捜査が原則ですから、同一の目的を任意捜査で達成することができる場合には、強制捜査を避ける必要があります。強制捜査を例外としたのは、捜査と人権の調和を図るためなのです。

(2) 強制捜査は、令状主義の原則により、原則として、裁判官の発する令状（例えば、逮捕状）による必要があります。例えば、通常逮捕には逮捕令状を必要としますが、現行犯逮捕には令状を必要としません。逮捕が違法になされても、これを裁判所で争う手続はありません。従って、逮捕段階では捜査機関に身柄を拘束されるしかないのです。逮捕の違法性を裁判所で争うには、逮捕に続いて行われる勾留（身柄を拘禁すること）請求の際に、逮捕の違法性も審査されることになります。

(3) 令状とは、逮捕、捜索、勾留その他の強制処分の裁判書（さいばんがき）（裁判内容を書いた書面）をいいます。例えば、逮捕状や勾留状をいいます。令状主義とは、強制処分をする場合には、裁判官の発する令状によらなければ許されないとする原則をいいます。憲法33条は、「何人も、現行犯として逮捕される場合を除いては、権限を有する司法官憲が発し、かつ理由となっている犯罪を明示する令状によらなければ、逮捕されない」と令状主義の原則を規定しています。この場合

の司法官憲とは、裁判官や裁判所を意味します。更に、憲法35条は、「①何人も、その住居、書類及び所持品について、侵入、捜索及び押収を受けることのない権利は、第33条（現行犯）の場合を除いては、正当な理由に基づいて発せられ、かつ捜索する場所及び押収する物を明示する令状がなければ、侵されない。②捜索又は押収は、権限を有する司法官憲が発する各別の令状により、これを行う」と令状主義を規定しています。
(4) 令状が、捜査機関の請求によって発せられる場合に、裁判所または裁判官は、その必要性についても判断することになります。例えば、逮捕状について言えば、被疑者に犯罪の嫌疑があるかどうかの判断のほかに、逮捕の必要性（逮捕しなくても済むのかどうか）を判断することに令状主義の重要な意味があります。
(5) 令状主義の例外としては、①現行犯逮捕（213条）、②逮捕の現場における捜索や差押（220条）、③裁判所がする公判廷内での捜索や差押（106条）、④裁判所のする検証（128条）があります。

2 強制処分の種類

(1) 対人的処分には、次の種類があります。
　① 通常逮捕（裁判官から発せられた逮捕状による逮捕）
　② 緊急逮捕（重大な犯罪で事前の逮捕状を得ないでする逮捕）
　③ 現行犯逮捕（現行犯を逮捕状なしに何人でもできる逮捕）
　④ 勾留（被疑者や被告人を拘禁することまたはその裁判）
　⑤ 鑑定留置（被疑者や被告人の精神や身体の鑑定をする場合の留置）
　⑥ 参考人に対する起訴前の証人尋問（任意の取り調べを拒否した場合）
　⑦ 被疑者や参考人に対する身体検査
(2) 対物的処分には、次の種類があります。
　① 捜索（物や人の発見を目的として行われる強制処分）

②　差押（証拠物や没収物と思われる物の占有を強制的に取得する処分）
③　検証（五官の作用により身体・物・場所の性質や形状を認識すること）
④　鑑定処分（鑑定の依頼を受けた者が死体解剖のような処分をすること）

Q14 通常逮捕の手続は、どのようになりますか

1 通常逮捕とは

(1) 逮捕とは、被疑者の身体を強制的に拘束して指定の場所に引致することをいいます。逮捕には、①通常逮捕、②緊急逮捕、③現行犯逮捕の3種類があります。例えば、これを具体的な例で見ると次のように区別されます。

① 通常逮捕とは、例えば、テレビドラマによく出てくるように刑事が逮捕状を被疑者に示して「殺人容疑で逮捕する」と言って逮捕理由を知らせて手錠をかけるような通常の逮捕をいいます。通常逮捕は逮捕の種類の中で最も多く、逮捕全体の半数近くを占めています。

② 緊急逮捕とは、例えば、警察官が不審なカバンを持っている者に職務質問をしてカバンの内容物を調べたところ、宝石店から宝石類を盗んだことを認めたので犯人に間違いないとして逮捕するような場合をいいます。この場合、逮捕状を必要としたのでは間に合いませんから、逮捕状なしに逮捕した後に直ちに逮捕状を請求することとされています。

③ 現行犯逮捕では、例えば、警察官が、人が刃物で刺される現場を見たのに逮捕状を必要としたのでは間に合いませんから、このような現行犯の逮捕には逮捕状の必要がないこととされています。現行犯でなくても、例えば、「泥棒！」と呼ばれて追われている者や血の付着している刃物を持ち歩いている者（準現行犯人）なども現行犯と同じに扱われます。現行犯逮捕と準現行犯逮捕は逮捕全体の40％弱を占めています。現行犯逮捕と準現行犯逮捕は、逮捕状なしに捜査機関でなくても誰でも逮捕すること

ができます。

　通常逮捕とは、被疑者が罪を犯したことを疑うに足りる相当な理由がある場合に、裁判官が、あらかじめ発する逮捕状に基づいて行われる逮捕をいいます。逮捕状を請求することができるのは、①司法警察員（犯罪捜査規範で公安委員会の指定する警部以上の階級の者に限っている）と②検察官に限られており、司法巡査や検察事務官は請求をすることはできません。実務上は、指定を受けた司法警察員（指定司法警察員）が9割以上の請求を行っています。

(2)　警察官の犯罪捜査規範119条では、①通常逮捕状の請求は、公安委員会の指定する警部以上の階級にある司法警察員（指定司法警察員）が責任をもって当たることとされ、②指定司法警察員が通常逮捕状を請求するに当たっては、順を経て警察本部長または警察署長に報告し、その指揮を受けることとされています。ただ、急速を要し、指揮を受けるいとまのない場合は、請求後、速やかにその旨を報告することとしています。

(3)　犯罪捜査規範118条では、「逮捕権は、犯罪構成要件の充足その他の逮捕の理由、逮捕の必要性、これらに関する疎明（そめい）資料（裁判官に一応確からしいという心証を得させる資料）の有無、収集した証拠の証明力等を十分に検討して、慎重適正に運用しなければならない」としています。

(4)　逮捕と類似の用語に「検挙」がありますが、検挙は、警察の用語として使用され、犯罪について被疑者を特定し、検察官への送致や送付または微罪処分に必要な捜査を遂げることを意味しますから、必ずしも身柄の拘束を意味しません。

(5)　通常逮捕の割合は逮捕全体の約50％で、現行犯逮捕が約40％、緊急逮捕が約10％となっています（2006年統計）。

2　通常逮捕状の請求

(1)　通常逮捕状を請求する場合には、逮捕状請求書と疎明資料を裁判

官に提出する必要があります（規則139条）。逮捕状を請求するには、①逮捕の理由（逮捕の必要を除く逮捕状発付の要件をいいます）と②逮捕の必要があることを認めるべき資料（疎明資料）を提供する必要があります（規則143条）。

(2) 逮捕状請求書に記載する事項（書式例）は、次の通りです（規則142条）。

逮捕状請求書（甲）

平成○年○月○日

○○地方裁判所　裁判官　殿

　　　　　　　　　　　　　　○県○○警察署
　　　　　　　　　　　　　　司法警察員警部　○○○○　（印）

　下記被疑者に対し、殺人、死体遺棄　被疑事件につき、逮捕状の発付を請求する。

記

1　被疑者
　　氏名　　　○○○○
　　年齢　　　昭和○年○月○日生（○○歳）
　　職業　　　会社員
　　住居　　　○県○市○町○丁目○番○号
　　　　　　　　（以下の各項目の内容は省略）
2　7日を超える有効期間を必要とするときは、その期間及び事由
3　引致すべき官公署又はその他の場所
4　逮捕状を数通必要とするときは、その数及び事由
5　被疑者が罪を犯したことを疑うに足りる相当な理由
6　被疑者の逮捕を必要とする事由
7　被疑者に対し、同一の犯罪事実又は現に捜査中である他の犯罪事実について、前に逮捕状の請求又はその発付があったときは、

> その旨及びその犯罪事実並びに同一の犯罪事実につき更に逮捕状を請求する理由
> 8　30万円（刑法、暴力行為等処罰に関する法律及び経済関係罰則の整備に関する法律の罪以外の罪については、2万円）以下の罰金、拘留又は科料に当たる罪については、刑事訴訟法第199条1項ただし書に定める事由
> 9　被疑事実の要旨
>
> 　　　　　　　　　　　　　　　　　　　　　　　　　以上

① 逮捕状の請求書には、その謄本（全部の写し）1通を添付します。
② 上の刑事訴訟法199条1項ただし書に定める事由とは、被疑者が定まった住居を有しない場合または正当な理由がなく任意出頭の求めに応じない場合をいいます。
③ 逮捕状は、請求により数通を発することができます（規則146条）。

(3) 逮捕状の発付の請求は、請求者の所属する官公署の所在地を管轄する地方裁判所または簡易裁判所の裁判官に対して行います。少年事件については、請求者の所属する官公署の所在地を管轄する家庭裁判所の裁判官にも請求することができます（規則299条）。

3　通常逮捕状の発付

(1) 逮捕状の請求を受けた裁判官は、必要があると認めた場合は、逮捕状の請求をした者の出頭を求めてその陳述を聴き、またはその者に対して書類その他の物の提示を求めることができます（規則143条の2）。裁判官は、必要がある場合には、事実の取り調べをすることもできます（43条3項）。
(2) 裁判官は、被疑者が罪を犯したことを疑うに足りる相当な理由があると認めた場合は、明らかに逮捕の必要がないと認める場合を除いて逮捕状を発します（199条2項）。

(3)　明らかに逮捕の必要がないと認める場合では、逮捕状の請求を受けた裁判官は、逮捕の理由があると認める場合においても、被疑者の年齢および境遇ならびに犯罪の軽重および態様その他諸般の事情に照らし、被疑者が逃亡するおそれがなく、かつ、罪証を隠滅するおそれがないなど、明らかに逮捕の必要がないと認めた場合は、逮捕状の請求を却下する必要があります（規則143条の3）。
(4)　逮捕状には、被疑者の氏名、住居、罪名、被疑事実の要旨その他の次の書式例のような事項が記載されます（200条）。

逮捕状（通常逮捕）

被疑者　　　　氏名　　　○○○○
　　　　　　　年齢　　　昭和○年○月○日生（○○歳）
　　　　　　　住居　　　○県○市○町○丁目○番○号
　　　　　　　職業　　　会社員
罪名　　　　　殺人、死体遺棄
被疑事実の要旨　　別紙のとおり
引致すべき場所　　○県○○警察署
有効期間　　　　　平成○年○月○日まで

有効期間経過後は、この令状により逮捕に着手することができない。この場合には、これを当裁判所に返還しなければならない。有効期間内であっても、逮捕の必要がなくなったときは、直ちにこれを当裁判所に返還しなければならない。

　上記の被疑事実により、被疑者を逮捕することを許可する。

　平成○年○月○日

　　　　　　　　○○地方裁判所　　裁判官　○○○○（印）
　　　　　　　　（以下、内容省略）

請求者の官公職氏名
逮捕者の官公職氏名

```
逮捕の年月日時及び場所  平成  年  月  日午   時  分  で逮捕
記名押印
引致の年月日時  平成  年  月  日午   時  分
記名押印
送致する手続をした年月日時  平成  年  月  日午   時  分
記名押印
送致を受けた年月日時  平成  年  月  日午   時  分
記名押印
                                                    以上
```

(5) 裁判官が、令状の請求を却下する場合は、請求書にその旨を記載し、記名押印をして請求者に交付すれば足ります（規則140条）。裁判官は、令状を発し、または令状の請求を却下した場合は、速やかに令状の請求書を請求者に返還する必要があります（規則141条）。

4　通常逮捕状の執行

(1)　逮捕状によって逮捕することができる者（逮捕状の執行者）には、請求者（指定司法警察員と検察官）のほか、司法巡査や検察事務官も含まれます。

(2)　逮捕状の執行には、①通常執行（被疑者に逮捕状を示して行う逮捕）と②緊急執行（逮捕状を所持していない場合に被疑事実と逮捕状が発せられている旨を告げて行う逮捕）とがあります。通常逮捕は、原則として被疑者に逮捕状を示して逮捕することになりますが、逮捕状を所持していない緊急の場合は、被疑事実の要旨と逮捕状が発せられている旨を被疑者に告げて逮捕することができます（201条2項）。これを逮捕状の緊急執行といいますが、逮捕後、できる限り速やかに逮捕状を示す必要があります。

(3)　警察官の犯罪捜査規範136条1項では、被疑者を逮捕した場合には、逮捕の年月日時、場所、逮捕時の状況、証拠資料の有無、引致の年

月日時等逮捕に関する詳細を記載した「逮捕手続書」を作成しなければならないとされています。

Q15 緊急逮捕の手続は、どのようになりますか

1　緊急逮捕とは

(1)　緊急逮捕とは、<u>一定の重大な犯罪（死刑または無期もしくは長期3年以上の懲役もしくは禁錮にあたる罪）を犯したことを疑うに足りる充分な理由がある場合で、急速を要し、裁判官の逮捕状を求めることができない場合に、司法警察職員・検察官・検察事務官が逮捕状なしに逮捕すること</u>をいいます（210条）。逮捕に際して、被疑者に対して犯罪の嫌疑が充分な理由と急速を要し逮捕状を求めることができない旨を告げる必要があります。「充分な理由」とは、通常逮捕の場合の「相当な理由」よりも嫌疑の程度の高い場合をいいます。

　　緊急逮捕とは、Q14で例をあげたように、警察官が不審なカバンを持っている者に職務質問をしてカバンの内容物を調べたところ、宝石店から宝石類を盗んだことを認めたので犯人に間違いないとして逮捕するような場合をいいます。この場合にも逮捕状を必要としたのでは間に合いませんから、逮捕状なしに逮捕した後に直ちに逮捕状を請求することとされています。

(2)　緊急逮捕の制度は、憲法33条が現行犯の場合を除いては逮捕状によることを必要としていることから、その合憲性が問題とされましたが、最高裁判所判例は、厳格な制約の下に罪状の重い一定の犯罪のみについて緊急やむを得ない場合に限り、逮捕後直ちに裁判官の審査を受けて逮捕状の発行を求めることを条件とし、被疑者の逮捕を認めることは、憲法33条の趣旨に反するものではないとして合憲としています。

2 緊急逮捕後の手続

(1) 緊急逮捕をした後は、直ちに裁判官の逮捕状を求める手続をする必要があります（210条1項）。この場合の逮捕状の請求権者は、通常逮捕の場合の請求権者のような制約はなく、司法巡査でも請求は可能です。ただ、犯罪捜査規範120条1項は、緊急逮捕状は、指定司法警察員または当該逮捕に当たった警察官が請求するものとし、指定司法警察員がいない場合は、他の司法警察員である警察官が請求してもよいこととしています。

(2) 裁判官の逮捕状が発せられない場合は、直ちに被疑者を釈放する必要があります。緊急逮捕状の発付前に逮捕の理由や逮捕の必要性がないことが判明した場合には、裁判官の判断を待つまでもなく被疑者を釈放する必要があります。ただ、この場合でも、犯罪捜査規範120条3項は、逮捕の理由となった犯罪事実がないこと、もしくはその事実が罪とならないことが明らかとなり、または身柄を留置して取り調べる必要がないと認め、被疑者を釈放した場合においても、緊急逮捕状の請求をしなければならないとしています。逮捕行為の正当性を裁判官が審査する必要があるからです。

(3) 緊急逮捕状の書式も、前述の通常逮捕状の場合とほぼ同様ですが、通常逮捕状では、「上記の被疑事実により、被疑者を逮捕することを許可する」とした部分が、緊急逮捕状では、「上記の被疑事実により、被疑者の逮捕を認める」となっています。書面の表題は、「逮捕状（緊急逮捕）」となります。

(4) 警察官の犯罪捜査規範136条1項では、被疑者を逮捕した場合には、逮捕の年月日時、場所、逮捕時の状況、証拠資料の有無、引致の年月日時等逮捕に関する詳細を記載した「逮捕手続書」を作成しなければならないとされています。

Q16 現行犯逮捕の手続は、どのようになりますか

1 現行犯逮捕とは

(1) 現行犯逮捕とは、現に罪を行っている者その他の現行犯人を逮捕状なしに逮捕することをいいます（212条・213条）。憲法33条で認められた令状主義の例外です。

(2) 現行犯人とは、①現に罪を行っている者や②現に罪を行い終わった者をいいます。例えば、①現に他人を殴りつけている者や、②現に他人の物を盗み終った者をいいます。更に、次のいずれかに当たる者が、罪を行い終ってから間がないと明らかに認められる場合は、現行犯人とみなされます（212条2項）。これを準現行犯人ともいいます。

① 犯人と呼ばれて追われているとき
② 贓物（盗んだり騙し取った物）または明らかに犯罪の用に供したと思われる凶器その他の物を所持しているとき
③ 身体または被服に犯罪の顕著な証跡があるとき
④ 誰だと尋ねられて逃走しようとするとき

2 現行犯逮捕の手続

(1) 現行犯人は、何人でも（誰でも）、逮捕状なくして逮捕することができます（213条）。ただ、一定の軽微な犯罪（30万円以下の罰金、拘留、科料に当たる罪）の場合には、犯人の住居や氏名が明らかでない場合、または犯人が逃亡するおそれがある場合に限り、現行犯の規定が適用されます（217条）。

(2) 司法警察職員・検察官・検察事務官以外の者（一般私人）が、現行犯人を逮捕した場合には、直ちに、司法警察職員または地方検察庁・

区検察庁の検察官に引き渡す必要があります（214条）。引き渡しが不当に遅延すると不法監禁罪（刑法220条）が成立する場合があります。

(3) 司法巡査が一般私人から現行犯人を受け取った場合は、速やかに司法警察員に引致する必要があります（215条1項）。司法巡査は、一般私人から現行犯人を受け取った場合には、逮捕者の氏名、住居および逮捕の事由を聴き取る必要があり、必要があるときは、逮捕者に対しともに官公署（警察署）に行くことを求めることができます（215条2項）。

(4) 警察官の犯罪捜査規範136条1項では、被疑者を逮捕した場合には、逮捕の年月日時、場所、逮捕時の状況、証拠資料の有無、引致の年月日時等逮捕に関する詳細を記載した「逮捕手続書」を作成しなければならないとされています。

更に、犯罪捜査規範136条2項では、被疑者が現行犯人である場合には、逮捕手続書に、現に罪を行い若しくは現に罪を行い終わったと認められた状況、または準現行犯人に当たる者が罪を行い終わってから間がないと明らかに認められた状況を具体的に記載することとされています。

(5) 現行犯人が逮捕された場合には、逮捕状による通常逮捕の場合の規定が準用されますから、検察官への送致の時間制限その他は通常逮捕の場合と同様になります（216条）。時間制限の起算点は、捜査機関に引致された時ではなく、現実に身柄を拘束された時となります。

(6) 近年、満員電車内で痴漢被害にあったとする虚偽の申告により多数の冤罪事件が発生しています。身に覚えのない濡れ衣を着せられて「この人、痴漢です」と言われて、のこのこ駅の事務室について行くようなことをしてはなりません。逮捕とは、身体の自由を拘束し継続的に抑留することをいいますから、単に名指しされただけでは逮捕されていませんので直ちに立ち去る必要があります。事情を

説明して分かってもらおうという考えは間違いなのです。そんな甘い考えで23日間も勾留され起訴された者も多いのです。

Q17 別件逮捕とは、どういうことですか

1 別件逮捕とは

(1) 別件逮捕とは、逮捕の要件の備わっていないA事件（本件）について取り調べる目的で、逮捕の要件の備わっている別のB事件（別件）について被疑者を逮捕することをいいます。例えば、殺人のような重大なA事件（本件）の被疑者と思われる者について、いまだ逮捕状を請求することができるだけの証拠が集まらない場合に、その被疑者に対する別の軽微なB窃盗事件（別件）の証拠が集まっている場合、別件のB事件について逮捕状を請求して逮捕し、その身柄拘束を利用して、A事件の本件について被疑者を追及して自白を得るような場合に利用されます。

(2) 別件逮捕は、形式的には軽微な別件については逮捕の要件を満たしていますが、捜査機関の本来の目的は、重大な本件の捜査にありますから、本件について見れば、逮捕の要件を満たしていないので、令状主義に反する違法な逮捕であるといえます。最高裁は、捜査機関が初めから本件の取り調べに利用する目的・意図をもって別件で逮捕した事情がない限り、別件について逮捕の要件を満たしていれば適法であるとしています。別件を基準とすれば別件では逮捕の要件を満たしているので適法となり（別件基準説）、本件を基準とすれば本件については逮捕の要件を満たしていないので違法となるのです（本件基準説）。

2 別件逮捕の実務と余罪の取り調べ

(1) 別件逮捕についての実務は、一般に次のように行われています（警察研究35巻2号）。

① A罪で身柄拘束して取り調べ中に、犯情・罪質の軽いB罪が判明した場合やA罪の余罪が判明した場合には、逮捕を切り替える必要はなく、A罪の拘置期間を利用して余罪の取り調べをしてよい。

② A罪で身柄拘束して取り調べ中に、犯情・罪質の重いB罪が判明した場合には、A罪の拘置期間をB罪の取り調べのためのみに用いる場合は、B罪についての逮捕に切り替える配慮が必要である。

③ A罪で逮捕する場合にB罪の容疑も判明しているが、B罪について逮捕状を請求するだけの資料・要件がない場合は

　(ア) A罪に比してB罪が犯情・罪質ともに著しく重い場合は、B罪についての取り調べを並行して行い、A罪について身柄拘束の必要がなくなった場合にB罪による逮捕に切り替える。

　(イ) A罪とB罪の犯情・罪質とも、あまり差のない場合は、A罪についての拘置中にB罪の取り調べを行う。

　(ウ) A罪よりB罪のほうが犯情・罪質とも軽い場合は、A罪の拘置中に余裕があればB罪の取り調べを行う。

(2) 余罪の取り調べとは、被疑事実A（本罪）について逮捕した被疑者をA罪以外の被疑事実B（余罪）について取り調べることをいいます。例えば、X宝石店での宝石盗難事件の被疑者を逮捕した場合に、Y宝石店やZ宝石店での宝石盗難事件についても取り調べるような場合です。身柄拘束中の余罪取り調べは許されるかどうかについては争いがありますが、すべての余罪取り調べを許さないとすると、逮捕を繰り返すことになり、かえって被疑者の人権保障の観点からマイナスになる場合もあるので、通説は、次のいずれかに該当する場合は、例外的に余罪取り調べも許されるとしています。

① 本罪に付随して、これと並行して余罪取り調べがなされる場合
② 同種の事犯の場合
③ 余罪が本罪と密接な関係がある場合
④ 本罪の取り調べ中に、被疑者が自ら進んで余罪を自白した場合

Q18 勾留とは、どういうことですか

1 勾留とは

(1) 勾留（拘置）には、①起訴前の逮捕された被疑者の勾留と②起訴後の被告人の勾留とがあります。従って、勾留とは、被疑者や被告人の身柄を拘束する裁判やその執行をいいます。刑事訴訟法は被告人の勾留の手続の規定を被疑者の勾留の手続に準用することとしています。被疑者も被告人も同様の手続になります。勾留の目的は、①被疑者や被告人の逃亡を防止し、②被告人の公判廷への出頭のための身柄を確保し、③証拠の隠滅を防止するほか、④有罪判決が宣告された場合の刑の執行のための身柄の確保にあります。勾留は、刑罰の一種の刑法16条に規定する拘留（1日以上30日未満で刑事施設に拘置する刑罰。判決を受けたあとの刑罰）とは異なります。

(2) 起訴前の被疑者の勾留は、必ず逮捕が先行している必要があります。これを「逮捕先行主義」といいます。起訴前の勾留は、検察官の請求によって裁判官の発する勾留状によって行います。勾留の期間は10日間ですが、やむを得ない事由があると認めた場合は10日間を限度に延長することができます（208条）。内乱罪その他の重大な犯罪では、5日間の再延長もできます（208条の2）。

　　逮捕後の拘禁の日数は次のようになります。拘禁日数は最大で23日間となります。

ア　司法警察職員が逮捕した場合
　① 逮捕時から48時間（2日間）以内に検察官に送致する
　② 検察官は逮捕時から72時間（48時間＋24時間）以内に、勾留請求、起訴または釈放のいずれかを決定する
　③ 勾留請求により10日間の勾留

④　延長の勾留請求により更に10日間の勾留（逮捕時から最大23日間の拘禁）
　　　⑤　重大犯罪では更に5日間の勾留
　　イ　検察官が逮捕した場合
　　　①　逮捕時から48時間（2日間）以内に、勾留請求、起訴または釈放のいずれかを決定する
　　　②　勾留請求により10日間の勾留
　　　③　延長の勾留請求により更に10日間の勾留（逮捕時から最大22日間の拘禁）
　　　④　重大犯罪では更に5日間の勾留
(3)　起訴後の被告人の勾留は、事件の係属している裁判所の職権で行われますが、勾留の期間は、公訴の提起のあった日から2カ月とされています。しかし、特に継続の必要がある場合は、具体的にその理由を示した決定で、1カ月ごとに勾留期間を更新することができます（60条）。起訴後の勾留では、身柄不拘束の被告人に対しても勾留状を発することができます。
(4)　被疑者の勾留と被告人の勾留の相違では、被疑者の勾留は、①裁判所の職権による勾留は許されず検察官の請求による（被告人の勾留は裁判所の職権で行われる）、②逮捕先行主義（逮捕前置主義）が採られている、③勾留期間の制限がある、④保釈がないといった特徴があります。

2　被疑者の勾留の要件

(1)　検察官は、被疑者の身柄を受け取った場合は、直ちに犯罪事実の要旨と弁護人選任権を告知した上で弁解の機会を与える必要があります。その後、検察官は、①留置の必要がない場合は直ちに被疑者を釈放し、②留置の必要がある場合は(a)公訴を提起するか、(b)裁判官に被疑者の勾留の請求をするかをします（204条・205条）。勾留の請求をするには、期間の制限があり①司法警察員から被疑者

を受け取った場合は24時間以内に、②司法警察員を経由しない場合は逮捕時から48時間以内に、裁判官に勾留を請求する必要があります。検察官から勾留の請求を受けた裁判官は、被疑者が罪を犯したことを疑うに足りる相当な理由がある場合で、次のいずれかに該当する場合は、被疑者に対する勾留状を発することができます（60条1項、207条1項）。被疑者の勾留には、被告人の勾留についての規定が準用されています。

> ①　被疑者が定まった住居を有しない場合
> ②　被疑者が罪証を隠滅すると疑うに足りる相当な理由がある場合
> ③　被疑者が逃亡しまたは逃亡すると疑うに足りる相当な理由がある場合

　　ただ、一定の軽微な罪については、①の住所不定の場合に限られます（60条3項）。
(2)　逮捕されていない被疑者に対して、直ちに勾留請求をすることはできません（207条1項）。これを逮捕先行主義とか逮捕前置主義といいます。逮捕されていない被疑者とは、身柄を拘束されていない在宅の被疑者のほか、別の被疑事実で拘束中の被疑者、違法に逮捕された被疑者をいいます。

3　勾留請求の手続

(1)　被疑者の勾留の請求は、検察官が次の事項を記載した「勾留請求書」を裁判官に提出します（規則147条）。
　　①　被疑者の氏名、年齢、職業、住居
　　②　罪名、被疑事実の要旨、被疑者が現行犯人として逮捕された者である場合は罪を犯したことを疑うに足りる相当な理由
　　③　刑事訴訟法60条1項各号に定める事由（住所不定、罪証隠滅の

おそれ、逃亡のおそれ）
　④　検察官または司法警察員がやむを得ない事情によって刑事訴訟法に定める時間の制限に従うことができなかった場合は、その事由
　⑤　被疑者に弁護人がある場合は、その氏名
(2)　被疑者の勾留を請求するには、勾留請求書に次の資料を添付する必要があります（規則148条）。
　①　その逮捕が逮捕状による場合は、逮捕状請求書と逮捕の年月日時・場所、引致の年月日時、送致する手続をした年月日時、送致を受けた年月日時が記載され各記載についての記名押印のある逮捕状
　②　その逮捕が現行犯逮捕である場合は、上の①の各事項を記載した調書その他の書類
　③　刑事訴訟法60条1項の勾留の理由が存在することを認めるべき資料
　④　検察官または司法警察員がやむを得ない事情によって刑事訴訟法に定める時間の制限に従うことができなかった場合は、これを認めるべき資料
(3)　被疑者の勾留の請求をするには、①被疑者が逮捕されていること、②勾留請求が刑事訴訟法に定める制限時間内に行われること（司法警察職員による逮捕は逮捕時から72時間以内、検察官による逮捕は逮捕時から48時間以内）、③勾留の理由（住所不定、罪証隠滅のおそれ、逃亡のおそれ）があることの各要件を満たすことが必要です。ただ、勾留の理由のいずれかが存在しても、具体的事件において被疑者の身柄拘束という重大な苦痛を与えることの不利益と、国家の刑罰権の行使という利益を比較考量して、前者の不利益が重大過ぎる場合は、勾留の必要性がないとして勾留を許容しない場合もあります。

4　勾留の裁判

(1)　検察官から勾留の請求を受けた裁判官は、被疑者に対して被疑事実を告げて、これに関する陳述(口頭で述べること)を聴く必要があります(61条、207条1項)。これを「勾留質問」といいます。逮捕された被疑者は、勾留質問の時点で初めて裁判官に対して陳述することができます。違法な逮捕であっても、逮捕された時点で裁判官に陳述できる制度はありません。勾留質問は、一般に裁判所内の勾留質問室で行われます。勾留質問は非公開で、検察官も弁護人も立ち会うことはできませんから、裁判官と被疑者のほかは書記官と被疑者を連れてきた警察官のみが同席します。勾留質問の内容は書記官が調書に作成します(規則39条・42条)。勾留質問に際して供述拒否権の告知や弁護人選任権の告知を要するかどうかについて明文の規定はありませんが、実務上は行われます。勾留質問を受ける者の同行室(待合室)には、次の事項を記載した注意書きが掲示されています。要点は次の通りです。

> ①　ここは裁判所です。検察官から捜査のためあなたの身柄の拘束を続けること(勾留)の請求があったので、その請求を認めるかどうかを決める前に裁判官が質問をします。
> ②　裁判官から、あなたの氏名、生年月日、職業、住所などを質問されます。次に裁判官は、あなたが犯したと疑われている被疑事実の要旨を告げてから、あなたに弁解の機会を与えますが、あなたは、質問に対して答えたくなければ答えなくてもよい権利(黙秘権)があります。
> ③　あなたは、自分の費用で弁護人を付けることができます。頼みたい弁護士が決まっている場合はその名前を申し出てください。心当たりの弁護士がいない場合は弁護士会を指定して弁護人の選任を申し出ることもできます(当番弁護士についての説明を掲示している場合もあります)。

④　勾留が認められると、その期間は原則として10日間です。あなたが勾留されることとなった場合、そのことを知らせてほしい人を一人決めて、その住所、氏名、電話番号を答えられるようにしておいてください。知らせる人は、弁護人が付いていれば弁護人、そうでなければ妻、夫、親兄弟などの家族、家族もいなければ雇主、知人などです。

(2)　裁判官は、勾留請求の適法性、勾留の理由、勾留の必要性の有無を判断して、勾留状を発付するか、勾留請求を却下するかを決める裁判をします。勾留状の書式は、次のような事項を記載する書式となっています（64条、規則70条・149条）。

① 被疑者の氏名、年齢、住居、職業
② 被疑者に対する○○被疑事件について、同人を○○警察署留置場に勾留する、との文言
③ 被疑事実の要旨
④ 刑事訴訟法60条1項各号に定める事由（1号は住居不定、2号は罪証隠滅のおそれ、3号は逃亡のおそれ）
⑤ 有効期間
⑥ この令状は、有効期間経過後は、その執行に着手することができない。この場合には、これを当裁判所に返還しなければならない、との文言
⑦ 勾留状発付年月日、○○地方裁判所裁判官○○○○（印）
⑧ 勾留請求の年月日
⑨ 執行した年月日時及び場所
⑩ 執行することができなかったときはその事由
⑪ 執行した年月日時及び取扱者

(3)　勾留請求の却下の裁判は、勾留請求が不適法な場合、勾留の理由

や勾留の必要性がないとされた場合になされますが、この場合には、直ちに被疑者を釈放する必要があります。ただ、実務上は、勾留請求の却下は、ほとんどありません。

(4) 勾留請求の却下の裁判に対しては検察官から準抗告(じゅんこうこく)(不服申立)をすることができます。また、勾留を認容する裁判に対しては被疑者や弁護人から準抗告(不服申立)をすることができます。準抗告をする裁判所は、①簡易裁判所の裁判官の裁判に対しては、管轄の地方裁判所に、②地方裁判所の裁判官の裁判に対しては、その裁判官の所属する裁判所となります(429条1項)。準抗告の裁判は、合議体(3人の裁判官で構成する裁判体)でなされます(429条3項)。勾留に対しては、犯罪の嫌疑がないことを理由として準抗告をすることはできません(429条2項)。

(5) 勾留請求却下の裁判に対する準抗告(不服申立)には、原裁判(元の裁判)の執行を停止する効力はありませんから、被疑者の釈放手続を停止させる効力はありません(424条)。従って、実務上は、検察官が準抗告を申し立てても被疑者の釈放をする必要がありますから、身柄拘束を継続するために勾留請求却下の裁判の執行停止の裁判を申し立てることが行われています(432条、424条)。

5　勾留の通知と勾留理由の開示

(1) 被疑者を勾留した場合は、裁判官は、直ちに弁護人にその旨を通知する必要がありますが、弁護人がいない場合は、被疑者の法定代理人、保佐人、配偶者、直系の親族、兄弟姉妹の中の被疑者の指定する者一人にその旨を通知する必要があります(79条)。これらの者がいない場合は、被疑者の申出により、知人や友人その他の指定する者一人にその旨を通知する必要があります(規則79条)。逮捕された者には、このような手続はありません。

(2) 勾留された被疑者は、裁判官に対して勾留の理由の開示を請求することができます(82条1項)。勾留理由の開示請求の根拠は、憲法

34条後段の「何人も、正当な理由がなければ、拘禁されず、要求があれば、その理由は、直ちに本人及びその弁護人の出席する公開の法廷で示されなければならない」とする規定に基づくものです。

勾留理由の開示請求権者には、被疑者本人のほか、被疑者の弁護人、法定代理人、保佐人、配偶者、直系の親族、兄弟姉妹その他利害関係人も含まれます（82条2項）。

(3) 勾留の理由の開示は、公開の法廷で行う必要がありますから（83条1項）、一般人の傍聴も可能です。その法廷には、裁判官と書記官は列席しますが（83条2項）、検察官の出席は不要です。被疑者と弁護人が出頭しない場合は、開廷することができません。しかし、被疑者については、被疑者が病気その他やむを得ない事由によって出頭することができずかつ被疑者に異議のない場合は開廷できます。また、弁護人については被疑者に異議のない場合には、弁護人なしでも開廷をすることができます（83条3項）。

(4) 勾留理由の開示請求があった場合は、裁判官は、開示期日を決める必要があります（82条1項）。この場合の開示をすべき期日と開示請求があった日との間は、やむを得ない事情がある場合を除き、5日以上を置くことはできません（84条）。裁判官は、開示期日には被疑者を召喚（出頭を命ずること）する必要があります。開示期日は、被疑者のほか、検察官、弁護人、補佐人、請求者に通知する必要があります（84条2項・3項）。

(5) 勾留の理由は、裁判官が公開の法廷において告げる必要があります（84条1項）。検察官、被疑者、弁護人、これらの者以外の開示請求者は、意見を述べることができます。ただし、裁判官は、相当と認めるときは、意見の陳述に代えて意見を記載した書面を差し出すことを命ずることができます（84条2項）。

6 勾留状の執行と勾留期間

(1) 勾留状は、検察官の指揮によって、司法警察職員または検察事務

官が執行します。ただし、刑事施設にいる被疑者に対して発せられた勾留状は、検察官の指揮によって刑事施設職員が執行します（70条、207条1項）。

(2) 勾留状を執行するには、これを被疑者に示した上、できる限り速やかに、かつ、直接、指定された刑事施設に引致する必要があります（73条2項）。勾留中の被疑者を釈放するかどうかは、検察官の権限に属し、裁判官に勾留請求の取消の請求をする必要はないと解されています。しかし、勾留中の被疑者について勾留の理由または勾留の必要がなくなった場合には、裁判官は、検察官、被疑者、弁護人、法定代理人、保佐人、配偶者、直系の親族、兄弟姉妹の請求によって、または職権で、決定をもって勾留を取り消す必要があります（87条・207条）。勾留中の被疑者を他の刑事施設に移す場合には、検察官は、裁判官の同意を得る必要があります（規則80条1項）。

(3) 被疑者の勾留期間は、検察官が勾留請求をした日（勾留状発付の日ではない）から10日間とされています。この10日の期間は、裁判官が長くしたり短くしたりすることはできません。検察官は、10日以内に公訴を提起しない場合は、10日の満了により勾留の効力を失うので被疑者を釈放する必要があります（208条1項）。10日以内に不起訴処分にした場合も直ちに釈放する必要があります。

　裁判官は、やむを得ない事由があると認めた場合は、検察官の請求により、10日間の範囲内で勾留期間の延長をすることができます（208条2項）。従って、最初の10日と合わせて最大20日間を超えることはできません。ただ、内乱罪その他の重大犯罪では更に5日以内であれば延長も可能とされています。

(4) 起訴前の被疑者の勾留については、起訴後の被告人の勾留の場合とは異なり、保釈は認められません（207条1項但し書）。起訴後の被告人の勾留については、一定額の保釈保証金の納付によって保釈が認められる場合があります（88条）。

(5) 裁判官は、適当と認めるときは、決定で、勾留されている被疑者

を親族、保護団体その他の者に委託し、または被疑者の住居を制限して、勾留の執行を停止することができます（95条）。保釈と似ていますが、保証金の納付を必要としませんし、裁判官の職権によってのみ行われます。被疑者、弁護人、配偶者その他の者の請求も必要としませんし、請求があっても、単に裁判官の職権の発動を促す意味しかありません。実務上は、病気治療の場合や近親者の葬儀のような場合に認められています。

(6) 勾留の執行停止がなされた場合でも、被疑者が逃亡するとか罪証を隠滅すると疑うに足りる相当な理由がある場合その他の一定の事由がある場合には、裁判官は、検察官の請求により、または職権で、決定をもって勾留の執行停止の取消をすることができます（96条1項）。取り消された場合は、被疑者は、再び刑事施設に収容され拘束されます。

Q19 捜索とは、どういうことですか

1 捜索とは
(1) 捜索とは、人の身体、物または住居その他の場所について証拠物や被疑者を発見するための強制的な処分をいいます。捜査機関（司法警察職員、検察官、検察事務官）は、犯罪の捜査をするについて必要がある場合は、裁判官の発する令状（捜索許可状）によって捜索をすることができます（218条1項）。捜索は、令状による捜索が原則ですが、通常逮捕、現行犯逮捕または緊急逮捕をする場合の次の処分は、令状によらないで捜索をすることができます（220条1項）。
① 人の住居または人の看守する邸宅、建造物もしくは船舶内に入り被疑者の捜索をすること
② 逮捕の現場で捜索（差押・検証も可能）をすること

(2) 承諾による捜索は、捜索令状がなくても許されますが、警察官の犯罪捜査規範108条は、「人の住居または人の看守する邸宅、建造物もしくは船舶につき捜索をする必要があるときは、住居主または看守者の任意の承諾が得られると認められる場合においても、捜索許可状の発付を受けて捜索をしなければならない」と規定しています。

2 令状による捜索の手続
(1) 捜査機関は、犯罪の捜査をするについて必要があるときは、裁判官の発する令状により捜索をすることができますから、次の書式例のような「捜索・差押・検証　許可状請求書」を裁判官に提出する必要があります（218条1項、規則155条）。この場合には、被疑者が罪を犯したと思料されるべき資料を提供する必要があります（規則156条）。実務上は、「捜索・差押許可状請求書」を提出し「捜索差押

許可状」として一括交付されます。

捜索・差押　許可状請求書

平成○年○月○日

○○地方裁判所　裁判官　殿

　　　　○県○○警察署　司法警察員　警部　○○○○　（印）

　下記被疑者に対する　○○　被疑事件につき、捜索差押許可状の発付を請求する。

記

1　被疑者の氏名　　　　○○○○
　　　　　昭和○年○月○日生（○○歳）
2　差し押さえるべき物
　　（省略）
3　捜索し又は検証すべき場所、身体若しくは物
　　（省略）
4　7日を超える有効期間を必要とするときは、その期間及び事由
　　（省略）
5　日出前又は日没後に行う必要があるときは、その旨及び理由
　　（省略）
6　犯罪事実の要旨
　　（省略）

---

(2)　捜査機関（司法巡査は除かれます）からの請求によって裁判官が令状を発する場合は、次の書式例のような事項が記載されます。

捜索差押許可状

被疑者の氏名及び年齢　○県○市○町○丁目○番○号　○○○○
　　　　　　　　　　　　昭和○年○月○日生（○○歳）

> 　　被疑者に対する　　○○　　被疑事件について、下記のとおり捜索及び差押をすることを許可する。
> 　　捜索すべき場所、身体又は物　　　　　　　　　　（省略）
> 　　差し押さえるべき物　　　　　　　　　　　　　　（省略）
> 　　有効期間　　　　平成○年○月○日まで
> 　　有効期間経過後は、この令状により捜索又は差押に着手することができない。この場合には、これを当裁判所に返還しなければならない。有効期間内であっても、捜索又は差押の必要がなくなったときは、直ちにこれを当裁判所に返還しなければならない。
> 　　平成○年○月○日
> 　　　　　　　　　　　○○地方裁判所　裁判官　　　○○○○　　（印）
> 　　請求者の官公職氏名　　　　司法警察員警部　　○○○○

(3) 令状を執行する場合には、処分を受ける者に対して、その令状を示す必要があります（222条1項、110条）。執行時には、錠をはずし、封を開き、その他の必要な処分をすることができます（222条1項、111条）。捜索令状の執行中は、何人に対しても、許可を得ないでその場所に出入りすることを禁止することができます（222条1項、112条）。令状の執行には立会人が必要で、公務所内の場合は、その長またはこれに代わるべき者に、その他の住居・邸宅・建造物・船舶内の場合は住居主または看守者を立ち会わせる必要があります（222条1項、114条）。被疑者には立会権はありませんが、捜査機関は、必要がある場合には立ち会わせることができます（222条6項）。

(4) 女子の身体について捜索令状を執行する場合は、急速を要する場合を除いて、成年の女子を立ち会わせる必要があります（222条1項、115条）。

Q20 差押とは、どういうことですか

1 差押とは

(1) 差押(さしおさえ)とは、所有者・所持者・保管者から証拠物または没収(所有権を奪って国庫に帰属させる財産刑)すべき物の占有を強制的に取得する処分をいいます(99条1項)。押収の一種です。差押の対象は有体物(空間の一部を占める有形的存在の固体・液体・気体)に限られますから他人の会話や情報自体は含まれません。

(2) 捜査機関(司法警察職員・検察官・検察事務官)は、被疑者その他の者が遺留した物または所有者・所持者・保管者が任意に提出した物は領置(りょうち)(令状によらず任意に提出された物の押収)することができます(221条)。ですから、捜査機関による押収には、①捜査機関が証拠物や没収すべき物の占有を強制的に取得する「差押」と、②任意に提出された物や遺留物の占有を取得する「領置」とがあります。領置をした場合は、提出者の返還請求があっても、これを拒むことができますから、その効果は差押と変わりません。捜査機関による押収とは、差押と領置の両方を意味します。捜査機関が領置をした場合は、提出者に対して、押収品の目録を記載した「押収品目録交付書」を交付します。

(3) 差押は、令状による差押が原則ですが、通常逮捕、現行犯逮捕または緊急逮捕をする場合に、逮捕の現場で、差押をするには、令状によらないで差押をすることができます(220条1項)。ただ、緊急逮捕では事後に逮捕状が得られなかった場合は、差押物を還付する必要があります(220条2項)。

(4) 裁判所が差し押さえるべき物を指定して所有者・所持者・保管者に提出を命ずる裁判を「提出命令」といいますが、裁判所の処分です

から令状は不要です。①差押、②領置、③提出命令の三つを「押収」といいます。

2 令状による差押の手続

(1) 捜査機関は、犯罪の捜査をするについて必要がある場合は、裁判官の発する差押許可状によって差押をすることができます（218条1項）。差押許可状の請求権者（司法巡査は除く）は、捜索の場合と同様の「差押許可状請求書」を裁判官に提出し、差押許可状の発付を受ける必要があります。実務上は、捜索差押許可状請求書を提出し「捜索差押許可状」の発布を受けます。

(2) 差押を執行することができる者は、司法巡査も含むすべての捜査機関であり、差押を執行する場合には、捜索の場合と同様に、差押許可状を差押を受ける者に対して示す必要があります（222条1項、110条）。差押をする場合には、捜索の場合と同様に、責任者の立会が必要です。被疑者には立会権はありませんが、捜査機関は、必要がある場合には立ち会わせることができます（222条6項）。

(3) 差押の制限として、①郵便物は被疑者から発し、または被疑者に対して発せられたもの以外（例えば、被疑者の妻宛の郵便物）は、被疑事件に関係があると認められる状況のない限り差押はできません。②公務員または公務員であった者が保管し、または所持する物は、本人または所属公務所から職務上の秘密に関するものであることの申立があった場合は、その監督官庁の承諾がなければ差押はできません。③医師その他の一定の職業に在る者や在った者は、業務上委託を受けて保管し所持する物で他人の秘密に関するものについては差押はできません（222条1項、100条2項、103条、104条、105条）。

(4) 差押をした場合は、その物の目録を作り、所有者、所持者もしくは保管者またはこれらの者に代わるべき者に対して、目録を交付する必要があります（222条1項、120条）。実務上は、押収をした司

法警察員が、押収をした時点で、自分の作成した「押収品目録交付書」（押収品の品名と数量を記載した目録を交付する旨を記載した書面）を所有者その他の者に交付します。

Q21 検証とは、どういうことですか

1 検証とは

(1) 検証とは、五官（目、耳、鼻、舌、皮膚）の作用により目的物（身体、物、場所）の性質や状況を認識することをいいます。例えば、殺人事件現場で血のあと、足あと、指紋などの現場の状況を認識する場合です。捜査機関の行う検証には、①裁判官の発する検証許可状による強制処分と、②任意捜査としての検証（例えば、自動車事故の現場の実況見分）があります。③裁判官が証拠調べとして行う検証もあります。

(2) 捜査機関（司法警察職員・検察官・検察事務官）は、犯罪の捜査をするについて必要がある場合は、裁判官の発する検証許可状によって検証をすることができます。ただ、身体の検査は、特別の身体検査令状による必要があります（218条1項）。

(3) 検証は、令状による検証が原則ですが、通常逮捕、現行犯逮捕または緊急逮捕をする場合に、逮捕の現場で、検証をすることは、令状によらないで検証をすることができます（220条1項）。

(4) 捜査機関が検証した結果は、検証調書、身体検査調書、実況見分調書のような調書に記録されます。これらの調書は、訴訟において証拠となる場合があります（321条3項）。

2 令状による検証の手続

(1) 検証の手続も捜索や差押の場合と同様に、捜査機関の検証許可状の請求権者（司法巡査は除かれる）が、捜索や差押の場合と同様の「検証許可状請求書」を裁判官に提出し、検証許可状の発付を受ける必要があります。

(2)　検証するために必要であれば、死体の解剖、墳墓(ふんぼ)の発掘、物の破壊、身体の検査その他の必要な処分をすることができます（129条）。

(3)　夜間の検証については、日出前・日没後には、令状に夜間でも検証をすることができる旨の記載がなければ、捜査機関は、検証のため人の住居または人の看守する邸宅・建造物・船舶内に入ることはできません（222条4項）。日没前に検証に着手した場合は、日没後でも検証を継続することができます（222条5項）。

(4)　捜査機関は、検証をするについて必要がある場合には、被疑者を検証に立ち会わせることができます（222条6項）。

3　身体検査の特例

(1)　身体検査は検証の一種ですが、人体の特質から原則として裁判官の発する身体検査令状の発付を得る必要があります（218条1項）。ただし、令状によらない身体検査として、身体の拘束を受けている被疑者の指紋もしくは足型を採取し、身長もしくは体重を測定し、または写真を撮影するには、被疑者を裸にしない限り、身体検査令状を必要としません（218条2項）。

(2)　捜査機関（司法巡査を除きます）が身体検査令状の請求をするには、身体検査を必要とする理由、身体検査を受ける者の性別・健康状態その他の裁判所の規則で定める事項を記載する必要があります（218条4項）。裁判官は、身体検査に関して適当と認める条件を付することができます（218条5項）。

(3)　裁判官の発する「身体検査令状」には、次のような事項が記載されます。

> ①　被疑者の氏名、生年月日、年齢
> ②　「被疑者に対する　（罪名）　被疑事件について、下記の者の身体の検査を許可する」との記載
> ③　検査すべき身体　　（例えば、被疑者の両上肢及び両下肢）

> ④　身体の検査に関する条件
> ⑤　「身体の検査を受ける者が正当な理由がなく身体の検査を拒んだときは、10万円以下の過料又は10万円以下の罰金若しくは拘留に処せられ、あるいは罰金と拘留を併科されることがある」との記載
> ⑥　有効期間　「平成○年○月○日まで」の記載
> ⑦　「有効期間経過後は、この令状により身体の検査をすることはできない。この場合には、これを当裁判所に返還しなければならない。有効期間内であっても、身体の検査の必要がなくなったときは、直ちにこれを当裁判所に返還しなければならない」との記載
> ⑧　許可の年月日（身体検査令状の作成年月日）
> ⑨　裁判所名・裁判官名（印）
> ⑩　請求者の官公職氏名

(4)　身体検査は、これを受ける者の性別、健康状態その他の事情を考慮した上、特にその方法に注意し、その者の名誉を害しないように注意する必要があります。女子の身体検査をする場合には、医師または成年の女子を立ち会わせる必要があります（131条）。

(5)　検証としての身体検査は身体の外部の形状を認識する検査ですから、身体の内部にわたる血液の強制採取は、実務上は、検証としての身体検査令状と鑑定処分許可状の発付を得て行われます（225条1項、168条1項）。尿の強制採取についても、同様に解されていましたが、現在では、最高裁判例（昭和55.10.23）により捜索差押許可状によることとしています。この場合には、身体検査令状の許可条件の規定を準用して、裁判官は、「医師をして医学的に相当と認められる方法により行わせなければならない」という条件を付することとしています。

Q22 鑑定とは、どういうことですか

1 鑑定とは

(1) 鑑定とは、特別の知識経験を有する者（鑑定人）が、その知識経験によって知り得た法則やこれに基づく事実について判断することをいいます。鑑定には、裁判所の証拠調べの鑑定のほか、捜査機関による鑑定嘱託による死体の解剖その他の鑑定処分（223条、168条）や被疑者の心神や身体の鑑定のための鑑定留置の制度があります（224条2項、167条1項）。捜査機関による鑑定にも任意捜査の一つとしての鑑定（例えば、科学捜査研究所へ覚せい剤の成分の鑑定を求める場合）と強制処分（例えば、医師に対して被疑者の心神や身体の鑑定を求める場合）としての鑑定があります。

(2) 鑑定処分とは、鑑定のために人の住居や人の看守する邸宅・建造物・船舶内に入り、身体検査をし、死体を解剖し、墳墓を発掘し、または物を破壊する場合に、裁判官の「鑑定処分許可状」を得て行う強制処分をいいます（168条1項）。

(3) 鑑定留置とは、被疑者の精神や身体の状態を一定期間病院に入れて観察する必要があって留置する場合に、裁判官の「鑑定留置状」を得て行う強制処分をいいます（224条2項、167条1項）。

2 鑑定処分の手続

(1) 鑑定処分（強制処分）をするには、鑑定の必要が生じた場合に、捜査機関（司法巡査は除く）が、裁判官に対して鑑定処分許可状の発付を請求する必要があります（225条）。裁判官は、請求を相当と認めた場合は、鑑定処分許可状を発する必要があります。鑑定処分許可状の発付を受けた捜査機関は、鑑定人に交付します。

(2) 鑑定人は、交付を受けた鑑定処分許可状を処分を受ける者に示して必要な処分（住居その他への立ち入り、身体検査、死体解剖、墳墓発掘、物の破壊）を行います。
(3) 鑑定のための身体検査での血液の強制採取は、鑑定処分許可状と身体検査令状を得て行われます。尿の強制採取については、判例は、捜索差押許可状に「医師をして医学的に相当と認められる方法により行わせる」旨の条件を付して行うことができるとしています。

3　鑑定留置の手続

(1) 鑑定留置（強制処分）をするには、鑑定留置の必要が生じた場合に、捜査機関（司法巡査を除く）が、裁判官に対して鑑定留置状の発付を請求する必要があります（224条1項）。裁判官は、請求を相当と認めた場合は、鑑定留置状を発する必要があります（224条2項）。

(2) 鑑定留置状の執行は、検察官の指揮により司法警察職員や検察事務官が、鑑定留置状を被疑者に示して、できる限り速やかに、かつ、直接、令状に指定された病院その他の場所に引致する（連れて行く）必要があります（224条2項、73条2項）。

(3) 勾留中の被疑者に対して、鑑定留置状が執行された場合は、鑑定留置の期間中、勾留の執行が停止されます（224条2項）。鑑定留置の期間は、有罪判決のあった場合の未決勾留日数（判決が決まるまでの間に拘束されていた日数）の計算では、勾留と同じにみなされ、未決勾留日数として計算されます（224条2項、167条6項）。

Q23 当番弁護士とは、どういうことですか

1 当番弁護士の制度とは

(1) <u>当番弁護士の制度とは、全国の各弁護士会の弁護士が毎日の当番を決めて逮捕された被疑者やその家族からの依頼により被疑者本人に接見（面会）に行き、被疑者の相談に応ずる制度</u>をいいます。最初の接見1回に限り無料で行っています。

(2) 当番弁護士の制度は、平成2年に大分県と福岡県の弁護士会で始まり、平成4年には全国の弁護士会で実施されるようになりました。当番弁護士として活動する弁護士は、各弁護士会の当番弁護士名簿に登録しています。当番弁護士名簿に登録している弁護士は、国選弁護人名簿への登録もしていますが、これは当番弁護士として受任した事件が起訴された場合に、国選弁護人となって引き続いて事件を担当する場合があるからです。

2 当番弁護士の制度の仕組み

(1) 当番弁護士に登録した弁護士は、各弁護士会の割り当て日には、自分の事務所、自宅その他の確実に連絡の取れる場所で午前10時から午後5時30分まで待機をします。待機時間中に弁護士会からの出動要請があった場合は、直ちに、被疑者の身体拘束場所の警察署その他の場所に出向いて接見することになります。

(2) 当番弁護士は、刑事訴訟法39条の「弁護人となろうとする者」として接見の申出をします。刑事訴訟法39条は、身体の拘束を受けている被疑者は、弁護人や弁護人を選任することができる者の依頼により弁護人となろうとする者と立会人なくして接見し、書類や物の授受をすることができる旨を規定しています。

(3) 刑事訴訟法31条の2は、被疑者（本人に限る）は、弁護士会に対して弁護人の選任の申出をすることができると規定していますから、警察署の留置係は、この規定に基づいて「私選弁護人選任申出書」を作成させ、弁護士会に取り次ぐ場合もあります。この場合も当番弁護士が弁護士会から紹介を受けた弁護士として接見する場合があります。申出を受けた弁護士会は、弁護人となろうとする者がない場合には、申出をした者に、その旨を通知する必要があります。当番弁護士が受任しない場合には、実務上は、私選弁護人選任申出書の下欄の弁護士会の通知欄にその旨を記載して被疑者に交付します。

(4) 当番弁護士が被疑者と接見した場合には、次の事項を説明されます。

① 身に覚えのないことは絶対に認めないこと
② 被疑者には黙秘権があるから、全部について黙っていることもできるし、答えたい質問にだけ答えることもできること
③ 被疑者の供述調書は読み聞かせることとなっているが、閲覧も可能であるから、間違いや趣旨が異なる部分は訂正の申立をすること
④ 供述調書への署名や押印を拒否することができること
⑤ 弁護士費用の援助制度もあること
⑦ 捜査官からの質問とそれに対する答えの要点をノートに記録しておくこと

(5) 当番弁護士または私選弁護士人からは、次のような事項について質問されます。

① どのような行為をしたのか
② どのような経緯で逮捕されたのか
③ 職業、住所、家族構成、健康状態、家族や勤務先への伝言

④　示談の意思
⑤　捜査官からどんな質問を受けたのか

Q24 被疑者の国選弁護人とは、どういうことですか

1 被疑者の国選弁護人の制度とは

(1) 被疑者の国選弁護人の制度とは、従来からの起訴されて被告人となった者に付された国選弁護人の制度とは別に、<u>一定の重大な犯罪で勾留された被疑者の段階から国選弁護人を付することとした平成16年の刑事訴訟法改正により平成18年10月から施行された制度を</u>いいます。

(2) 被疑者の国選弁護人の制度では、①死刑または無期もしくは長期（法律に定める最長の期間）3年を超える懲役もしくは禁錮に当たる事件について、②被疑者に対して勾留状が発せられている場合において、③被疑者が貧困その他の事由により弁護人を選任することができない場合には、裁判官は、被疑者の請求により、被疑者のため弁護人を付する必要があります（37条の2）。ただし、被疑者以外の者が選任した弁護人がある場合や被疑者が釈放された場合は除かれます。身柄不拘束の被疑者には国選弁護人は付されませんが、選任の請求は、勾留を請求された段階の被疑者も可能です（37条の2）。

(3) 裁判官は、この制度の対象とされる事件について被疑者に対して勾留状が発せられ、かつ、これに弁護人がない場合において、精神上の障害その他の事由により弁護人を必要とするかどうかを判断することが困難である疑いがある被疑者について必要があると認めた場合は、職権で弁護人を付することもできます（37条の4）。

(4) 裁判官は、死刑または無期の懲役もしくは禁錮に当たる事件について、この制度により弁護人を付する場合や付した場合に、特に必要があると認めた場合は、職権で更に弁護人1人を付することもできます（37条の5）。

(5) 司法警察員は、この制度の対象とされる事件について被疑者を逮捕した場合には、弁解録取書（被疑者の言いわけを聞き取った書面）を作成する段階で、被疑者に対して①引き続き勾留を請求された場合に貧困その他の事由により自ら弁護人を選任することができない場合は裁判官に対して弁護人の選任を請求することができる旨、②その場合には資力申告書を提出する必要がある旨、③資力が基準額50万円以上ある場合には予め弁護士会に私選弁護人の選任の申出をしていることが必要である旨を教える必要があります（203条3項）。弁解録取書は、被疑者供述調書と同様の書式で作成されますが、上記①②③を教示した旨も記載されます。

2　被疑者国選弁護人の選任の手続

(1) 被疑者が裁判官に国選弁護人の選任の請求をする場合には、資力申告書を提出する必要があります（37条の3）。資力とは、被疑者に属する現金、預金、小切手、郵便為替その他の政令で定める資産の合計額をいいます。資力申告書は、被疑者の記憶に基づいて作成すれば足りることから、被疑者の家族に確認したりする機会を設ける必要はないとされています。ただ、裁判官の判断を誤らせる目的で、その資力について虚偽の記載のある資力申告書を提出した者は、10万円以下の過料に処するとしています（38条の4）。

(2) 被疑者の資力が基準額の50万円以上の場合は、被疑者は、裁判官に国選弁護人の選任を請求する前に、その裁判所所在地の弁護士会に私選弁護人の選任の申出をする必要があります。この申出により被疑者が私選弁護人を選任した場合は、国選弁護人の選任の請求をすることはできませんが、弁護士会が弁護人の紹介ができなかった場合や弁護士が受任を拒んだ場合のように私選弁護人を選任することができなかった場合には、国選弁護人の選任の請求をすることができます（37条の3、31条の2）。

(3) 刑事収容施設に収容され、または留置されている被疑者が国選弁

護人の選任の請求をする場合は、裁判所書記官の面前で行う場合を除き、刑事施設の長、留置業務管理者その他の代理者を経由して「国選弁護人選任請求書・資力申告書」を裁判官に提出する必要があります（規則28条の3）。実務上は、国選弁護人選任請求書・資力申告書の用紙や私選弁護人選任申出書の用紙を刑事施設内に備えつけておいて被疑者からの申出により用紙を交付して、被疑者が書類を作成します。刑事収容施設の長、留置業務管理者またはその代理者は、刑事収容施設に収容されている被疑者が裁判所や裁判官に対して申立をしようとする場合は努めてその便宜を図り、被疑者が書類の作成ができない場合には、これを代書しまたは所属の職員に代書させる必要があります（規則297条）。

(4) 被疑者国選弁護人の候補者の選定その他の国選弁護人に関する事務は、平成16年に制定された総合法律支援法に基づいて設置された日本司法支援センター（略称は法テラス）が行います。法テラスは、その他に民事訴訟での弁護士費用の立替（民事法律扶助）、弁護士数の少ない過疎地域での法律サービスの提供、犯罪被害者の支援その他の事業を行います（総合法律支援法30条）。法テラスの所在場所は、全国の都道府県の弁護士会事務局に尋ねると分かります。

Q25 取調べ書面記録制度とは、どういうことですか

1 取調べ書面記録制度とは

(1) 取調べ書面記録制度とは、<u>身柄拘束中の被疑者や被告人を取調べ室またはこれに準ずる場所において取り調べた場合には、取り調べを行った日ごとに取調年月日、時間、場所、担当者氏名、被疑者供述調書の作成事実の有無、被疑者・被告人の氏名、逮捕・勾留罪名その他を記載した「取調べ状況報告書」を作成する制度</u>をいいます（犯罪捜査規範182条の2）。平成16年4月から実施されました。検察官その他の捜査機関についても同様の措置がとられています。

(2) 取調べ書面記録制度が設けられた主な趣旨は、捜査機関による自白の強要その他の違法な取調べの防止にあります。更に、公判において捜査段階の被疑者の供述の任意性や信用性が問題となった場合に、捜査段階の取調べ過程に関する一種の証拠資料を提出する意味もあります。

(3) 過去の冤罪事件でも取調べ中に拷問を加えられてウソの自白をさせられた場合が多いのです。例えば、①北海道の梅田事件では取調べに際し、殴る、蹴る、髪をつかんで引き倒す、鉛筆を指にはさんでねじるなどの拷問を加えてウソの自白を強制し、②香川県の財田川事件では手錠を二重にかけられ、ロープで巻かれた膝で正座させられるなど何度も気絶するような拷問を加えられてウソの自白をさせられました（竹沢哲夫・山田善二郎編著『現代再審・えん罪小史』イクォリティ発行）。こうしたウソの自白の強制を排除するためには、取調べの録音録画は必須のことといえます。日本弁護士連合会は多年にわたり取調べの可視化を求めて運動を続けていますが、捜査機関の反対で実現しません。しかし、冤罪の根絶と捜査機関の拷問そ

の他の違法捜査の根絶には、取調べの可視化を早急に実現する必要があります（Q42の4参照）。

2 取調べ状況報告書の作成

(1) 取調べ状況報告書を作成する場合は、身柄拘束中の被疑者や被告人に限られますから、被疑者の任意の出頭を得て取り調べた後に逮捕した場合には、逮捕後の取調べについて作成されます。勾留中の被告人を別の事件の被疑者として取り調べた場合には、その取調べについても「取調べ状況報告書」の作成が必要です。単なる参考人として取り調べる場合には作成は不要です。身柄拘束中の被疑者や被告人を取り調べた場合には、被疑者供述調書の有無とは関係なく「取調べ状況報告書」の作成が必要です。

(2) 逮捕や勾留の理由となっている犯罪事実以外の犯罪に係る被疑者供述調書を作成した場合は、「取調べ状況報告書」に加え、取調べを行った日ごとに、速やかに「余罪関係報告書」を作成する必要があります（犯罪捜査規範182条の2第2項）。

(3) 「取調べ状況報告書」や「余罪関係報告書」を作成した場合において、被疑者や被告人がその記載内容を確認した場合には、それを証するために、それらの報告書の確認欄に署名押印を求めるものとしています（犯罪捜査規範182条の2第3項）。

(4) 取調べの状況に関する立証の方法として、平成17年に新設された刑事訴訟規則で、検察官は、被告人または被告人以外の者の供述に関し、その取調べの状況を立証しようとする場合は、できる限り、取調べの状況を記載した書面その他の取調べ状況に関する資料を用いるなどして、迅速かつ的確な立証に努めなければならないとされていますから（規則198条の4）、取調べ状況報告書が用いられる場合があります。

Q26 被疑者とされた者の権利は、どうなっていますか

1 黙秘権（供述拒否権）

(1) 黙秘権とは、自分に不利益な供述を強要されない権利をいいます。憲法38条1項は、「何人も、自己に不利益な供述を強要されない」と規定しています。不利益な供述とは、自分の刑事責任の基礎となるような供述をいいます。つまり、自分自身に罪（刑事責任）を負わせる結果となる供述を拒否することのできる権利です。黙秘権のことを供述拒否権とか自己負罪拒否特権ともいいます。

(2) 被疑者（犯罪の容疑を受け、捜査対象とされた者）への黙秘権の告知について刑事訴訟法は、被疑者の取り調べに際しては、「被疑者に対し、あらかじめ、自己の意思に反して供述をする必要がない旨を告げなければならない」と規定しています（198条2項）。被告人（起訴されて、その裁判の確定していない者）の黙秘権については「被告人は、終始沈黙し、又は個々の質問に対し、供述を拒むことができる」と規定しています（311条1項）。裁判の冒頭で裁判官から被告人に黙秘権について説明されます。

(3) 黙秘権を認める趣旨は、刑罰その他の制裁によって供述を強要させない点にあるので、黙秘したこと自体を有罪の証拠とすることはできません。黙秘権を侵害して得られた証拠（強制的で任意性を欠く疑いのある自白）は、適法な証拠として使用することはできません（319条1項）。

2 弁護人の援助を受ける権利

(1) 被疑者や被告人は、何時でも弁護人を選任することができます。被疑者や被告人の法定代理人、保佐人、配偶者、直系の親族、兄弟

姉妹は、独立して弁護人を選任することができます（30条）。憲法37条3項は、「刑事被告人は、いかなる場合にも、資格を有する弁護人を依頼することができる。被告人が自らこれを依頼することができないときは、国でこれを付する」と規定しています。刑事訴訟法は、憲法の保障より広く、身柄拘束の有無を問わず被疑者の弁護人選任権を認めており（30条）、被疑者に対しても身柄拘束の際に弁護人を選任することができる旨の告知をする必要があるとしています（203条1項、204条1項）。

(2) 平成16年の刑事訴訟法の改正による被疑者の国選弁護人の制度では、死刑または無期もしくは長期3年を超える懲役もしくは禁錮に当たる事件について被疑者に勾留状が発せられている場合や勾留を請求されている場合において、被疑者が貧困その他の事由により私選弁護人を選任することができない場合には、裁判官は、その請求により被疑者のため国選弁護人を付ける必要があります（37条の2）。

(3) 裁判所は、被告人の死刑または無期もしくは長期3年を超える懲役もしくは禁錮に当たる事件（必要的弁護事件）を審理する場合には、弁護人がなければ開廷することができません（289条1項）。被告人の国選弁護人については、被告人が貧困その他の事由により弁護人を選任することができない場合には、裁判所は、被告人の請求により被告人のため弁護人を選任する必要があります（36条）。

(3) 裁判所は、次の場合に被告人に弁護人がいない場合には、職権で弁護人を付することができます。

① 被告人が未成年者である場合
② 被告人の年齢が70歳以上である場合
③ 被告人が耳の聞こえない者または口のきけない者である場合
④ 被告人が心神喪失者または心神耗弱者である疑いがある場合
⑤ その他必要と認める場合

3 弁護人と接見する権利（接見交通権）

(1) 身体の拘束を受けている被疑者や被告人は、弁護人または弁護人となろうとする者と立会人なくして接見（面会）し、または書類や物の授受をすることができます（39条1項）。弁護人と被疑者との接見が十分にできないと弁護人選任権を保障した意味がなくなるからです。

(2) この接見や授受については、法令や裁判所規則で、被疑者や被告人の逃亡、罪証の隠滅または戒護（刑事施設内の保安の維持）に支障のある物の授受を防ぐため必要な措置を規定することができます（39条2項）。

(3) 司法警察職員（司法警察員と司法巡査）、検察官、検察事務官は、捜査のため必要があるときは、公訴の提起前に限り、接見や授受に関し、その日時・場所・時間を指定すること（接見指定）ができますが、その指定は、被疑者が防御を準備する権利を不当に制限するようなものであってはなりません（39条3項）。「捜査のため必要があるとき」とは、判例によると、「現に被疑者を取り調べ中であるとか、実況見分、検証等に立ち会わせる必要がある等捜査の中断による支障が顕著な場合」をいいます。被告人については接見指定はありません。

接見指定について不服がある場合は、被疑者や弁護人は、接見指定処分に対する準抗告をすることができます（429条1項）。準抗告とは、捜査機関の行った処分や裁判官の裁判（命令）に対する不服申立の制度をいいます。

4 被疑者の証拠保全請求権

(1) 捜査機関は、本来は、被疑者に有利な証拠も収集する必要がありますが、実際には、被疑者に有利な証拠の収集が行われるとは限らないことから、被疑者に証拠保全の請求権が認められています（179条）。しかし、この制度は、あまり利用されていません。

(2) 被疑者・被告人・弁護人は、あらかじめ証拠を保全しておかなければ、その証拠を使用することが困難な事情がある場合は、第1回の公判期日前に限り、裁判官に押収、捜索、検証、証人の尋問または鑑定の処分を請求することができます（179条1項）。請求を却下する裁判に対しては、準抗告（不服申立）をすることができます（429条1項）。
(3) 検察官と弁護人は、裁判所において押収その他の処分に関する書類や証拠物を閲覧し、かつ、謄写（コピー）をすることができますが、弁護人が証拠物の謄写をするについては、裁判官の許可を要するとしています（180条1項）。
(4) 被疑者や被告人は、弁護人のいない場合に限り、裁判官の許可を受けて、裁判所において、書類や証拠物の閲覧をすることができます（180条3項）が、謄写することはできません。検察官は常に閲覧や謄写ができるのに、請求をした被疑者・被告人・弁護人は差別されているのです。
(5) これらの書類や証拠物を証拠として利用するには、審理をする裁判所に証拠調べの請求をする必要があります。

Q27 捜査が終了した場合は、どのように処理されますか

1 警察での捜査が終了した場合

(1) 警察での捜査は、検察官の指定した軽微な事件については微罪処分で処理し（246条但し書）、その他の事件については検察官への送致によって終結します（246条本文）。微罪処分とは、司法警察職員が、検察官の検事総長から発せられた微罪処分の基準による一般的指示に基づいて検察官に送致することなく処理する制度をいいます（犯罪捜査規範198条）。例えば、軽微な窃盗、賭博などの事件について、検察官の有する起訴猶予権の行使を司法警察員に委ねたものです。検察官に送致しない微罪処分をした事件については、その処理年月日、被疑者の氏名、年齢、職業、住居、罪名、犯罪事実の要旨を1カ月ごとに一括して、微罪処分事件報告書によって検察官に報告する必要があります（犯罪捜査規範199条）。

(2) 少年事件（20歳未満の者の刑事事件）については、司法警察員は、少年の被疑事件について捜査を遂げた結果、罰金以下の刑に当たる犯罪の嫌疑があると思う場合は、検察官を経由せずに、事件を家庭裁判所に送致する必要があります（少年法41条）。その他の少年の刑事事件については、少年法に定めるもの（禁錮以上の刑に当たる罪）の手続によるほかは、一般の刑事訴訟の例により処理します（少年法40条）。

(3) 警察への告訴または告発のあった事件については、司法警察員は、一応の捜査を遂げた後、関係書類と証拠物を検察官に送付する必要があります（242条）。

(4) 司法警察員は、犯罪の捜査をした場合には、特別の定めのある場合を除いて、速やかに関係書類と証拠物とともに事件を検察官に送

致する必要があります（246条）。被疑者の身柄を拘束していない事件の場合は、書類送検と言われます。被疑者の身柄を拘束した事件の場合は、司法警察員は、被疑者の留置の必要がないと思う場合には直ちに釈放し、留置の必要があると思う場合には、被疑者が身体を拘束された時から48時間以内に関係書類や証拠物とともに検察官に送致する手続をする必要があります（203条1項）。

2　検察官の捜査が終了した場合

(1)　検察官の捜査には、司法警察員からの送致事件の補充捜査のほかに、直受事件（検察官が直接受理した告訴や告発事件）や検察官の認知事件（検察官自身の認知した事件）の捜査があります。送致事件が全体の99％以上を占めています。送致事件の補充捜査については、公訴の維持の観点から行われます。

(2)　検察官は、あらゆる刑事事件について、公訴を提起し、または不起訴処分をし、公訴を提起した場合には公判の維持をします。検察官は、公訴権を独占し、犯罪の嫌疑がある場合でも不起訴処分にする権限を有します（248条）。不起訴処分をする理由の例として、次の場合があります。

① 嫌疑なし（犯罪の成立を認定する証拠のない場合）
② 嫌疑不十分（犯罪の成立を認定する証拠が不十分な場合）
③ 起訴猶予（被疑事実は明白だが、被疑者の性格、年齢、境遇、犯罪の軽重・情状、犯罪後の情況により訴追を必要としない場合）
④ 罪とならず（被疑事実が犯罪とならない場合）
⑤ 刑事未成年（被疑者が犯罪時に14歳未満の場合）
⑥ 心神喪失（被疑者が犯罪時に心神喪失であった場合）
⑦ 時効完成（公訴の提起のできる期間を経過した場合）
⑧ 刑の免除（法律上、刑が免除されている場合）

⑨ 被疑者死亡（被疑者が死亡した場合）

(3) 検察官の事件の処理は、大別すると、①終局処分（起訴処分と不起訴処分）と②中間処分（中止処分と移送処分）に分かれます。中止処分とは、捜査をしても犯人が不明の場合その他の理由により捜査を継続することができない場合の処分をいいます。移送処分とは、捜査上の必要や被疑者の利益のために他の検察庁の検察官に事件を送る処分をいいます。例えば、犯罪地は管轄区域内にあるが、被疑者の住所が遠隔地にあるような場合です。

3　公訴の提起後の捜査

(1) 公訴の提起後に被告人の取り調べが許されるかどうかについては、学説上の争いがありますが、判例は、任意捜査は許されると解しています。

(2) 判例は、被告人の取り調べに関して、任意捜査については「犯罪の捜査をするについて必要があるときは」と規定しており何らの制限をしていないから、刑事訴訟法198条の被疑者という文字にかかわりなく、起訴後においても、捜査官は、その公訴を維持するため必要な取り調べをすることができるとしています（最高裁昭和36年11月21日判決）。

第3章●
起訴された後の手続は、
どのようになりますか

Q28 起訴（公判の提起）とは、どういうことですか

1 起訴（公訴の提起）とは

(1) <u>起訴とは、検察官が特定の刑事事件について裁判所の審判を求める意思表示</u>をいいます。検察官という国家機関による訴えですから、公訴の提起ともいいます。公訴の提起は、検察官のみが行う権限を有しているので、この制度を検察官の起訴独占主義といい、私人による訴追を認めないので国家訴追主義といいます（247条）。

(2) 起訴の制度には、①犯罪の嫌疑と訴訟条件（審理を進めるための前提条件）が備わっている場合は必ず訴追を必要とする起訴法定主義と、②犯罪の嫌疑と訴訟条件が備わっていても、検察官の裁量により訴追の必要がないと判断した場合には不起訴にできる起訴裁量主義（起訴便宜主義）とがありますが、日本では起訴裁量主義を採用しています（248条）。起訴法定主義は、検察官の恣意的（自分勝手な）な判断を排除して政治的影響を排除することのできる長所がありますが、すべての被疑者を訴追することから刑事政策的考慮（例えば、犯人の社会復帰、被害者の意思、監獄経費への考慮）のできない短所があります。

(3) 起訴裁量主義（起訴便宜主義）とは、検察官は、①犯人の性格・年齢・境遇、②犯罪の軽重・情状、③犯罪後の情況によっては起訴をしないことのできる制度をいいます（248条）。有罪判決が得られるだけの証拠が揃っていても、これらの事情を考慮して被疑者を不起訴処分にすることを起訴猶予処分といいます。検察庁に送致された全犯罪のうち実際に起訴された者の割合は、近年はおおむね30%程度になっています。

(4) 検察官は、第一審の判決があるまでは公訴の取消をすることがで

きます（257条）。検察官の起訴裁量主義を採用している以上、検察官自らが取消をすることができるのは当然と解されていますが、実際の運用は被告人の死亡、法人の消滅、確定判決の存在などを理由とするものとなっています。
(5) 検察官は独立の官庁として自らの固有の権限により事務を処理することとされていますが、内部的には検事総長を頂点とする組織体の一員であって、検察官のすべてが一体のものとして活動する組織が形成されています。起訴や不起訴の処分も上司の決裁を得る仕組みになっています。これを検察官同一体の原則といい、上司の指揮監督権、上司の事務引取権・移転権が認められています（検察庁法7条ないし12条）。

2 公訴の提起の方法

(1) 検察官が公訴を提起する場合には、裁判所に「起訴状」を提出する必要があります（256条1項）。起訴状には、①被告人の氏名その他被告人を特定するに足りる事項、②公訴事実（犯罪事実）、③罪名を記載する必要があります（256条2項）。起訴状の記載例（本例は暴行と器物損壊の場合）は次の通りです。

```
                          平成○年検第○○○号、第○○○号
              起  訴  状
                                  平成○年○月○日
○○地方裁判所　殿
                     ○○地方検察庁
                       検察官　検事　○○○○　（印）
下記被告事件につき公訴を提起する。
                     記            ┌──┐
                                   │在宅│
本籍　○県○市○町○丁目○番        └──┘
住居　○県○市○町○丁目○番○号
```

職業　　農業

〇〇〇〇

昭和〇年〇月〇日生（〇〇歳）

　　　　　　公　訴　事　実
　被告人は、平成〇年〇月〇日午後〇時〇分頃、〇県〇市〇町〇丁目〇番地先路上において
　第1　〇〇〇〇（当時62年）に対し、同人の右前額部を1回殴打する暴行を加え
　第2　同人がかけていたメガネをわしづかみにしてはずし、これを路上に叩きつけ、もって器物を損壊（損害額2万円相当）したものである。

　　　　　　　　　罪名及び罰条
　第1　　暴行　　　　　　　刑法第208条
　第2　　器物損壊　　　　　刑法第261条

① 被告人について年齢（生年月日）、住居、職業、本籍を記載します。被告人が勾留されていない場合は「在宅」と記載し、勾留されている場合は「勾留中」と記載します（規則164条）。

② 公訴事実（検察官が裁判を求める事件の要点）は、訴因（犯罪事実の要点）を明示して記載する必要があります。訴因を明示するには、できる限り、日時、場所、方法をもって罪となるべき事実を特定する必要があります（256条3項）。訴因は、裁判所にとって直接の審判の対象であり、これを超えて事実を認定し法律を適用することはできません。

③ 罪名は、適用すべき罰条（刑罰法規の法条）を示して記載する必要があります。罰条の記載の誤りは、被告人の防御に実質的な不利益を生ずるおそれがない限り、公訴提起の効力に影響を及ぼしません（256条4項）。

④ 起訴状には、裁判官に事件につき予断を生じさせるおそれのあ

る書類その他の物（例えば、証拠）を添付し、またはその内容を引用してはなりません（256条6項）。これを起訴状一本主義といいます。裁判官に予断を生じさせるおそれのある証拠の添付を許さない証拠不提出主義を採用しているのです（例えば、捜査で収集した資料を起訴状とともに裁判所へ提出することはできないのです）。ただ、裁判員制度による裁判その他の裁判所が必要と認めた事件では、公判前整理手続によって、第1回公判期日の前に裁判官が主宰して検察官と弁護人双方の主張や証拠に接することになるので、裁判官の予断排除の原則が崩れることになります（316条の2以下）。

⑤ 検察官は、公訴事実の同一性を害しない限度で、裁判所の許可を得て、起訴状に記載された訴因や罰条の追加や変更をすることができます（312条1項）。

⑥ 公訴の提起の特別の手続として、(a) 略式命令を請求する略式手続（Q43参照）、(b) 平成16年の刑事訴訟法改正により導入された即決裁判手続（Q44参照）があります。(a) の略式手続は検察官の請求により簡易裁判所が公判を開かずに100万円以下の罰金または科料（1,000円以上1万円未満の財産刑）を科す手続です（461条以下）。(b) の即決裁判手続は事案が簡易・明白で軽微な事件（死刑・無期・短期1年以上の懲役または禁錮に当たる事件は対象とならない）について検察官は公訴の提起と同時に書面により即決裁判手続の申立をします（350条の2以下）。

⑦ 刑事事件の第一審の管轄裁判所は、原則として地方裁判所となりますが、高等裁判所に管轄のある内乱罪のような特別権限事件、簡易裁判所に管轄のある罰金以下の刑にあたる事件、家庭裁判所に管轄のある少年事件もあります。

(2) 検察官は、起訴と同時に、被告人の数の起訴状謄本（全部の写し）と捜査機関に提出された弁護人選任書を裁判所に提出する必要があります（規則165条）。公訴提起前にした弁護人の選任は、弁護人と

連署した書面を捜査機関に提出している場合には、第一審においても効力を有するので、裁判所に提出するのです（規則17条）。

(3) 被告人の勾留に関する処分は、本来、審理をする裁判所が行いますが、公訴提起後、第1回公判期日（法廷で最初の審理を行う日）までは、予断防止の観点から別の裁判官が行います（280条1項）。検察官は、逮捕または勾留されている被告人について公訴を提起した場合には、速やかにその裁判所の裁判官に逮捕状または逮捕状と勾留状を差し出す必要があります。裁判官は、他の裁判官が勾留に関する処分をすべき場合には、その裁判官に逮捕状や勾留状を送付する必要があります（規則167条）。

3 第1回公判期日前の手続

(1) 公訴が提起された場合は、裁判所は、起訴状の謄本（全部の写し）を遅滞なく被告人に送達（法律に定めた方法による交付）をする必要があります（271条1項）。

(2) 裁判所は、公訴の提起があったときは、被告人に弁護人が付されていない場合には、遅滞なく被告人に対し、弁護人を選任することができる旨と貧困その他の事由により弁護人を選任することができないときは弁護人の選任を裁判所に請求することができる旨を知らせる必要があります（272条2項）。

(3) 裁判所は、国選弁護人の選任請求権を知らせるに当たり、被告人は資力申告書（現金、預金その他の資産の申告書）を提出する必要がある旨と資力が基準額50万円以上の場合には、あらかじめ私選弁護人選任の申出が必要である旨を教示する必要があります（272条2項）。国選弁護人の近年の選任状況は、地方裁判所の場合では、約75％程度となっています。（Q24参照）

(3) 死刑または無期もしくは長期（法律上の最長期間）3年を超える懲役もしくは禁錮にあたる事件（必要的弁護事件）を審理する場合には、弁護人がなければ開廷することはできませんので、弁護人のない場

合や弁護人が出頭しない場合には、裁判長は、職権で弁護人を付する必要があります。裁判所は、弁護人が出頭しないおそれがある場合には、職権で弁護人を付することができます（289条）。
(4) 裁判所は、充実した公判の審理を継続的、計画的かつ迅速に行うため必要があると認める場合には、検察官と被告人または弁護人の意見を聴いて、第1回公判期日前に、決定で、事件の争点や証拠を整理するための公判準備として、事件を公判前整理手続に付することができます（316条1項）。裁判員制度の対象となる重大な事件は、すべて公判前整理手続の対象となります。公判前整理手続を経由した場合には、裁判官は、第1回公判期日前に検察官と弁護人の主張や証拠に接することになるので、裁判官の予断排除を目的とする起訴状一本主義（裁判官の予断排除のための証拠不提出主義）の趣旨は崩れることになります。
(5) 裁判長は、公判期日を定め、公判期日に被告人を召喚（出頭を命じること）する必要があります。公判期日は、検察官、弁護人、補佐人（被告人を補佐する直系の親族・配偶者その他の者）に通知する必要があります（273条）。被告人が正当な理由なく召喚に応じない場合は、勾引状を発して被告人を強制的に引致（強制的に連行すること）することになります（58条・64条）。
(6) 起訴後の勾留の要件も、被疑者の場合と同様に、被告人が罪を犯したことを疑うに足りる相当な理由がある場合で、次のいずれかに該当する場合に裁判所は被告人を勾留することができます（60条1項）。

① 被告人が定まった住居を有しない場合
② 被告人が罪証を隠滅することを疑うに足りる相当な理由がある場合
③ 被告人が逃亡しまたは逃亡すると疑うに足りる相当な理由がある場合

被告人の勾留の期間は、公訴の提起のあった日から2カ月とされており、特に継続の必要がある場合においては、具体的にその理由を付した決定で、1カ月ごとに更新をすることができます。ただし、①死刑、無期、短期（法律上の刑期の最短期間）1年以上の懲役や禁錮に当たる罪を犯したものである場合、②常習として長期（法律上の刑期の最長期間）3年以上の懲役や禁錮に当たる罪を犯したものである場合、③罪証隠滅の疑いに相当な理由がある場合、④氏名または住居が分からない場合を除いては、更新は、1回に限られます（60条2項）。

(7) 起訴後の勾留については、被疑者の場合とは異なり、保証金の納付によって保釈が許されます（94条）。起訴前の被疑者の勾留については保釈は認められません。保釈とは、一定額の保証金の納付により身柄を釈放し、公判期日に出頭しない場合には保証金を没収するという心理的強制を加えて被告人の出頭を確保する制度をいいます。

勾留されている被告人、その弁護人、法定代理人、保佐人、配偶者、直系の親族、兄弟姉妹は、裁判所に保釈の請求をすることができます（88条）。これを権利保釈または必要的保釈といい、保釈の請求があった場合は、次の場合を除いて保釈を許す必要があります（89条）。

① 被告人が死刑、無期、短期（法律上の刑期の最短期間）1年以上の懲役や禁錮に当たる罪を犯したものである場合
② 被告人が前に死刑、無期、長期10年を超える懲役や禁錮に当たる罪につき有罪の宣告を受けたことがある場合
③ 被告人が常習として長期3年以上の懲役や禁錮に当たる罪を犯したものである場合
④ 被告人が罪証を隠滅すると疑うに足りる相当な理由がある場合

> ⑤ 被告人が被害者その他事件の審判に必要な知識を有すると認められる者もしくはその親族の身体もしくは財産に害を加えまたはこれらの者を畏怖させる（こわがらせる）行為をすると疑うに足りる相当な理由がある場合
> ⑥ 被告人の氏名または住居が分からない場合

　以上の理由によって権利保釈が認められない場合でも、裁判所は、適当と認める場合には、職権で保釈を許すことができます（90条）。これを職権保釈とか裁量保釈といいます。

Q29 公訴の時効とは、どういうことですか

1 公訴の時効とは

(1) 公訴の時効とは、犯罪後、一定期間が経過することにより公訴の提起が許されなくなる制度をいいます（250条）。公訴時効が完成した場合には、誤って起訴をしても免訴判決（訴訟を打ち切る判決）が言い渡されます。刑事上の時効の制度には、①公訴時効（公訴権を消滅させる制度）のほかに、②刑の時効の制度（刑の執行を免除する制度）がありますが、刑の時効の制度とは、刑を言い渡した判決が確定した後、一定期間（例えば、無期の懲役または禁錮については30年、10年の有期の懲役または禁錮については20年）を経過することにより刑の執行が免除される制度なのです（刑法31条ないし32条）。死刑の言渡しを受けた者については平成22年4月の刑法改正により「刑の時効」の対象から除外されました。刑の時効とは、公訴の時効とは異なり、刑を言渡す判決が確定した後、刑が執行されないまま一定期間が経過したときに刑の執行を免除するものです（刑法31条）。例えば、刑の言い渡しを受けた者が行方不明になり刑の執行ができない場合です。

(2) 公訴時効の制度の主な根拠は、①時の経過により証拠が散逸し真実を発見することが困難になるという理由や②時の経過により犯罪の社会的影響が弱くなり刑罰の必要性が減少するという理由があげられています。

2 公訴時効の期間

(1) 公訴時効の期間は、犯罪行為が終わった時から計算します。共犯（複数の者が共同して犯罪を実行した場合）の場合には、最終の行

為が終わった時から、すべての共犯の公訴時効の期間を計算します（253条）。教唆犯（他人をそそのかして犯罪を実行させた者）や幇助犯（正犯を幇助した者）の公訴時効の期間は、正犯（実行行為を自らした者）の行為の終了した時から計算します。

(2) 公訴時効の期間は、法定刑（刑罰法規に規定されている刑）を基準として次のように規定されています（250条）。人を死亡させた罪で死刑に当たるものについては、平成22年4月の刑事訴訟法の改正により公訴時効の対象から除外されました。

① 人を死亡させた罪であって禁錮以上の刑に当たるもの（死刑に当たるものを除く）については、次の期間を経過することにより時効が完成します。

> ア　無期の懲役または禁錮に当たる罪については30年
> イ　長期20年の懲役または禁錮に当たる罪については20年
> ウ　アイに掲げる罪以外の罪については10年

② 上の①以外の罪の公訴時効の期間は次の通りです。

> ア　死刑に当たる罪については、25年
> イ　無期の懲役や禁錮に当たる罪については、15年
> ウ　長期15年以上の懲役や禁錮に当たる罪については、10年
> エ　長期15年未満の懲役や禁錮に当たる罪については、7年
> オ　長期10年未満の懲役や禁錮に当たる罪については、5年
> カ　長期5年未満の懲役や禁錮に当たる罪については、3年
> キ　拘留または科料に当たる罪については、1年

長期とは、法定刑の最長期間をいいます。以上とは、基準の期間を含む場合で、未満とは、基準の期間を含まない場合です。例えば、詐欺罪の法定刑は10年以下の懲役ですから、上の②のエに該当しま

す。横領罪の法定刑は5年以下の懲役ですから、上の②のオに該当します。有期懲役は1カ月以上20年以下とされていますから（刑法12条1項）、強盗罪のような5年以上の有期懲役とされている場合は、上の②のウに該当します。
(3)　法定刑が2つ以上の主刑（死刑、懲役、禁錮、罰金、拘留、科料の6種類の刑）を併科したり（例えば、刑法256条2項の盗品の運搬・保管等の法定刑は10年以下の懲役及び50万円以下の罰金としている）、または2つ以上の主刑のうち1つを科す場合（例えば、刑法204条の傷害罪は15年以下の懲役または50万円以下の罰金としている）には、その重い刑によって公訴時効期間を計算します（251条）。
(4)　刑法の規定によって刑を加重減軽（重くしたり軽くしたりすること）することができる場合でも、加重減軽する前の法定刑によって公訴時効期間を計算します（252条）。

3　公訴時効の停止

(1)　公訴時効は、その事件についてした公訴の提起によって時効期間の進行が停止します。時効の停止とは、一定の事由（例えば、犯人が国外にいる場合や逃げ隠れしている場合）がある場合に、その事由がある限り時効の進行が停止し、その事由がなくなると（例えば、国内に入国した場合）引き続き残りの期間が進行することをいいます。公訴提起の有効無効を問わず時効は停止し、管轄違い（裁判所の管轄を間違えた場合）や公訴棄却（形式的な要件を欠く場合の形式裁判）の裁判が確定した時から再び残りの時効の進行を始めます（254条1項）。公訴棄却とは、形式的な訴訟条件を欠くことを理由としてなされる形式裁判で、公訴を無効として排斥するだけで一事不再理（ある事件について裁判が確定した場合は同一事件について再び審理をすることはできないこと）の効力は生じません。
(2)　共犯者の1人に対してした公訴の提起による時効の停止は、他の共犯者に対してもその効力を有します。この場合、停止した時効

は、共犯者の1人に対する裁判が確定した時から再び進行を始めます（254条2項）。
(3) 犯人が国外にいる場合や犯人が逃げ隠れしているため有効に起訴状の謄本の送達や略式命令（簡易裁判所が罰金や科料を科す裁判）の告知ができなかった場合には、公訴時効は、国外にいる期間や逃げ隠れている期間は、その進行を停止します（255条）。

Q30 第一審の公判手続の流れは、どのようになりますか

1 第一審の公判手続の主な流れ
(1) 冒頭手続(公判手続の冒頭に行う証拠調べ手続に入る前の次の4つの手続)

> ① 裁判官の被告人に対する人定質問(人違いがないか確認をする質問)
> ② 検察官の起訴状の朗読
> ③ 裁判長から被告人に対する黙秘権の告知
> ④ 被告人と弁護人の事件についての意見陳述(罪状認否)

(2) 証拠調べ手続

> ① 検察官の冒頭陳述(証拠に基づいて証明しようとする事実を明らかにする)
> ② 検察官による犯罪事実の立証
> ③ 被告人と弁護人による犯罪事実に関する反証
> ④ 被告人の自白調書の取り調べ
> ⑤ 被告人への質問
> ⑥ 被害者等の意見陳述

(3) 弁論手続(論告・求刑、最終弁論・最終陳述、弁論の終結)

> ① 検察官の論告(事実や法律の適用についての意見陳述)と求刑(宣告刑の種類や量についての意見陳述)

②　弁護人の最終弁論と被告人の最終陳述
　③　結審（弁論の終結）

(4)　判決の宣告（有罪判決、無罪判決、公訴棄却の判決その他）

2　冒頭手続　（証拠調べ手続に入る前の手続）

(1)　裁判官の被告人に対する人定質問（じんてい）（人違いでないことを確認する質問）として、起訴状に記載された氏名、生年月日、本籍、住居その他の記載によって人違いがないかを確認します（規則196条）。

(2)　検察官は、起訴状を朗読しますが、被告人に関する事項は人定質問で明らかですから、①公訴事実（犯罪事実）、②罪名、③罰条が朗読されます（291条1項）。この場合に被告人や弁護人から訴因（犯罪事実の要点）が特定されていないので明らかにするよう求めるような釈明（説明）の申出がなされる場合があります。

(3)　裁判長から被告に対する黙秘権の告知として、裁判長は、被告人に対し、終始沈黙または個々の質問に対し陳述（口頭で述べること）を拒むことができる旨のほか、陳述をすることもできる旨や陳述をすれば自己に不利益な証拠ともなり、利益な証拠ともなるべき旨を告げる必要があります（規則197条1項）。そのほか、裁判長は、被告人が充分に理解していないと思われる被告人保護のための権利を説明する必要があります（規則197条2項）。

(4)　裁判長は、被告人と弁護人に対し、被告事件について陳述する機会を与える必要があります（291条3項）。この意見陳述を罪状認否（ざいじょうにんぴ）ともいいます。意見陳述では、例えば、公訴事実そのものの認否、正当防衛や心神喪失の主張、公訴権の濫用（らんよう）の主張がなされます。公訴権の濫用の主張の類型には、①嫌疑のない起訴、②起訴猶予相当の起訴、③違法捜査に基づく起訴があります。

3 証拠調べ手続

(1) 証拠調べの初めに、検察官の冒頭陳述として、検察官は、証拠により証明しようとする事実を明らかにする必要があります。この場合、証拠とすることができず、または証拠として取り調べを請求する意思のない資料に基づいて、裁判所に事件について偏見や予断を生じさせるおそれのある事項を述べることはできません（296条）。裁判所は、被告人や弁護人にも、検察官の冒頭陳述の後に冒頭陳述（証拠により証明すべき事実を明らかにすること）を許すことができるとされていますが、この場合にも、証拠とすることができず、または証拠として取り調べを請求する意思のない資料に基づいて、裁判所に事件について偏見や予断を生じさせるおそれのある事項を述べることはできません（規則198条）。ただし、公判前整理手続に付された事件については、被告人または弁護人は、検察官の冒頭陳述の後に冒頭陳述をする必要があります（316条の30）。

(2) 検察官による犯罪事実の立証は次のように行われます。

① 検察官は、まず、事件の審判に必要と認めるすべての証拠の取り調べを請求する必要があります（規則193条1項）。被告人または弁護人は、検察官の証拠の取り調べの請求が終わった後、事件の審判に必要と認める証拠の取り調べを請求することができます（規則193条2項）。証拠調べの請求には、証拠と証明すべき事実との関係（立証趣旨）を具体的に明示する必要があります（規則189条1項）。裁判所は、必要と認める場合は、職権で証拠調べをすることができます（298条2項）。

② 証拠調べの請求に対して、裁判所は、証拠調べをする旨の決定またはこれを却下する決定をします（規則190条1項）。これを証拠決定といいます。証拠調べ請求が法令に違反する場合や証拠に証拠能力（事実認定の根拠となる資格）がない場合は、裁判所は、請求を却下する必要があります。

③ 証拠調べの順序は、証拠採用決定のあった検察官請求の証拠を

先ず取り調べた後に、被告人や弁護人の請求した証拠を取り調べますが、裁判所は、相当と認める場合には、この順序を変更することができます（規則199条）。
(3)　被告人や弁護人による犯罪事実に関する反証の証拠調べの請求は、検察官の証拠調べの請求が終わった後に行います（規則193条2項）。証拠調べの実施も検察官請求の証拠の取り調べの後に行われます（規則199条）。
(4)　被告人の自白調書の取り調べは、犯罪事実に関する他の証拠が取り調べられた後でなければ、その取り調べを請求することはできません（301条）。裁判官の予断を防止するためです。
(5)　被告人への質問は、被告人の弁解や意見を聴くために行いますが、実務上は主な証拠調べの終わった段階で行われます。裁判長は、被告人が任意に供述する場合には、何時でも必要とする事項について被告人の供述を求めることができます（311条2項）。陪席の裁判官、検察官、弁護人らは、裁判長に告げて、被告人の任意の供述を求めることができます（311条3項）。
(6)　被害者等の意見陳述については、被害者等から申出がある場合は、裁判所は、公判期日において、被害者等に被害に関する心情その他の被告事件に関する意見を陳述させます。この場合の申出は、あらかじめ検察官に行い、検察官は、意見を付して裁判所に通知します。この意見陳述に対して、裁判官や訴訟関係人は、陳述の趣旨を明確にするための質問をすることができます（292条の2）。

4　弁論手続（論告、最終弁論・最終陳述、結審）、判決の宣告

(1)　検察官の論告として、検察官は、証拠調べの終了後、事実と法律の適用について意見を陳述する必要があります（293条1項）。この場合に、具体的な刑罰の種類と分量についても「求刑」として意見を述べるのが、実務上の慣行になっています。求刑は、論告の一部であり、裁判所の判断を拘束しませんから、裁判所は、求刑よりも

重い刑を言い渡すこともできます。
(2) 弁護人の最終弁論として、検察官の論告に引き続いて弁護人が意見を陳述することができます。最後に、被告人の最終陳述として、被告人が意見を陳述することができます（293条2項）。これらの意見陳述は弁護人や被告人の権利ですから、その機会を与えずに弁論を終結することはできません。これらの意見陳述に対して検察官が反論した場合には、裁判所は、被告人側に反論の機会を与える必要があります。裁判所は、被告人または弁護人には、最終に陳述する機会を与えなければならないとされていますから（規則211条）、最終陳述権は被告人側にあるのです。
(3) 結審（弁論終結）とは、審理手続を終結することをいいます。結審した後に重要証拠が発見されたような場合は、弁論を再開する場合もあります。
(4) 判決の宣告は、裁判長が、①主文と理由を朗読する方法または②主文の朗読と理由の要旨を告げる方法によります。理由については要旨の告知で足りますから、判決宣告前に判決書の原本が作成されている必要はないのです。民事訴訟の判決は、判決書の原本に基づいて言い渡す必要があるのとは異なります。有罪判決の宣告をする場合には、被告人に対して、14日以内に控訴ができることや控訴申立書は第一審裁判所に提出することを告知する必要があります（規則220条）。

Q31 公判前整理手続とは、どういうことですか

1 公判前整理手続とは

(1) 公判前整理手続とは、裁判所が充実した公判の審理を継続的、計画的かつ迅速に行うため必要があると認める場合に、検察官と被告人または弁護人の意見を聴いて、裁判所の決定（裁判の一種）により第1回公判期日前に事件の争点や証拠を整理するための公判準備の手続をいいます（316条の2）。特に裁判員の参加する裁判では、裁判員の負担を軽くするため審理の時間を必要最小限のものとする必要があり、事前の争点整理や証拠整理が必須のこととなったのです。公判前整理手続は、平成17年11月から実施されましたが、同様の手続として、裁判所が必要と認める場合には、第1回公判期日後であっても、検察官と被告人または弁護人の意見を聴いて、決定で、事件を「期日間整理手続」に付することができます（316条の28）。

(2) 公判前整理手続の対象となる事件は、裁判員制度の対象となる事件（死刑または無期の懲役もしくは禁錮に当たる罪と短期1年以上の懲役または禁錮に当たる罪で故意の犯罪行為により被害者を死亡させた罪）のほか（裁判員法49条）、裁判所が必要と認めて検察官と被告人または弁護人の意見を聴いて裁判所の決定（裁判の一種）によりこの手続に付した事件となります（316条の2）。公判前整理手続や期日間整理手続に付された事件を審理する場合には、必要的弁護事件として弁護人がなければ開廷することはできません（316条の29）。公判前整理手続において被告人に弁護人がいない場合には、裁判長は、職権で弁護人を付する必要があります（316条の4第2項）。

(3) 公判前整理手続の方法には、①裁判所が訴訟関係人に書面を提出させる方法と②公判前整理手続期日に訴訟関係人を裁判所に出頭さ

せて陳述させる方法があります。この期日には検察官と弁護人は必ず出頭する必要がありますが、被告人の出頭義務はありません。出頭する義務はないが、出頭したければ出頭できるということです。被告人には、公判前整理手続期日に出頭する権利があります（316条の9第1項）。しかし、裁判所は、必要と認める場合は、被告人に対して公判前整理手続期日に出頭を求めることができますが、裁判所は、その最初の期日に被告人に対して、黙秘権を告知する必要があります（316条の9第2項・第3項）。

(4) 公判前整理手続では、審理を担当する裁判所が主宰し検察官と弁護人とともに、①その事件の争点（争いのある点）は何か、②争点を立証するには、どんな証拠が必要か、③公判の日程はどうするか、その他について整理をし審理計画を立てることとしています（316条の5）。裁判官には、検察官の手持ちの証拠も開示されますから、起訴状一般主義（裁判官の予断を排除するために起訴状には証拠を添付してはならないとする証拠不提出主義）の趣旨が崩壊することになります。また、公判前整理手続は非公開で行われるので、争点整理の名のもとに憲法37条1項の公開裁判を受ける権利の侵害になります。

2 公判前整理手続の内容と主な流れ

(1) 公判前整理手続でできることは次の通りです（316条の5）。
① 訴因（犯罪事実の要点）や罰条（刑罰法規の法条）を明確にさせること
② 訴因や罰条の追加・撤回・変更を許すこと
③ 公判期日においてすることを予定している主張を明らかにさせて事件の争点を整理すること
④ 証拠調べの請求をさせること
⑤ 証拠調べ請求に係る証拠について、その立証趣旨、尋問事項等を明らかにさせること
⑥ 証拠調べ請求に関する意見（証拠書類とすることに同意するか

どうかの意見を含む）を確かめること
　⑦　証拠調べをする決定または証拠調べの請求を却下する決定をすること
　⑧　証拠調べをする決定をした証拠について、その取調べの順序や方法を定めること
　⑨　証拠調べに関する異議の申立に対して決定をすること
　⑩　証拠開示に関する裁定をすること
　⑪　被害者等の参加の規定による被告事件の手続への参加の申出に対する決定またはその決定の取消の決定をすること
　⑫　公判期日を定め、または変更することその他公判手続の進行上必要な事項を定めること
(2)　公判前整理手続の主な流れは、次のようになります。
　①　検察官は、事件が公判前整理手続に付された場合には、その証明予定事実（公判期日において証拠により証明しようとする事実）を記載した書面を裁判所に提出するとともに被告人または弁護人に送付する必要があります。検察官は、証明予定事実を証明するために用いる証拠の取調べを請求する必要があります（316条の13）。
　②　検察官が取調べを請求した証拠については、速やかに被告人または弁護人に対し、次の区分による方法により開示する必要があります（316条の14）。
　　(a)　証拠書類や証拠物については、それらを閲覧（弁護人は謄写も含む）する機会を与えること
　　(b)　証人、鑑定人、通訳人、翻訳人については、その氏名と住居を知る機会を与え、かつ、その者の供述録取書等で公判期日に供述すると思われる内容を記載した書面を閲覧（弁護人は謄写も含む）する機会を与えること
　③　検察官の開示した②の証拠以外の次の類型の証拠については、被告人または弁護人からの開示請求があり、重要な証拠で開示す

ることが相当と認める場合には、速やかに開示する必要があります（316条の15）。
一　証拠物（例えば、押収物、指紋、写真、ネガ）
二　裁判所や裁判官の検証の結果を記載した書面
三　捜査機関による検証調書等（例えば、実況見分調書、検視調書）
四　鑑定書またはこれに準ずる書面（例えば、死体検案書、診断書）
五　証人等の供述録取書等（例えば、被害者や参考人の供述調書・上申書）
六　被告人以外の者の供述録取書等で検察官請求証拠により直接証明しようとする事実の有無に関する供述を内容とするもの（例えば、目撃者の供述調書・上申書）
七　被告人の供述録取書等（例えば、被疑者の供述調書・上申書、弁解録取書）
八　取調状況記録書面（犯罪捜査規範182条の2に基づく取調べ状況報告書）
④　被告人または弁護人は、検察官請求証拠の開示を受けた場合には、証拠とすることに同意をするかどうか、またはその取調べの請求に対し異議がないかどうかの意見を明らかにする必要があります（316条の16）。
⑤　被告人または弁護人は、検察官請求証拠の開示を受けた場合に、その証明予定事実その他の法律上・事実上の主張があるときは、裁判所と検察官に対し、これを明らかにする必要があります。また、被告人または弁護人は、反証に用いる証拠の取調べ請求をする必要があります（316条の17）。被告人または弁護人は、取調べ請求をした証拠について、検察官の開示した同じ方法で速やかに検察官に開示する必要があります（316条の18）。
⑥　検察官は、被告人または弁護人の取調べ請求した証拠の開示を

受けた場合には、証拠とすることに同意をするかどうか、その取調べ請求に異議がないかどうかの意見を明らかにする必要があります（316条の19）。検察官は、被告人または弁護人から上記以外の証拠の開示請求があった場合に被告人や弁護人の主張に関連する証拠であってその関連性の程度その他の必要性を考慮して相当と認める場合は、開示をする必要があります（316条の20）。
　⑦　裁判所は、公判前整理手続を終了するに当たり、検察官と被告人または弁護人との間で、事件の争点と証拠の整理の結果を確認する必要があります（316条の24）。裁判所は、証拠調べをする決定や請求を却下する決定をするほか、証拠調べをする場合の取調べの順序や方法を定めます（316条の5）。裁判所は、証拠開示の要否を決定し証拠開示命令をし、開示時期や開示方法の指定をし条件を付することができます（316条の25、316条の26）。裁判所は、必要がある場合は検察官と被告人または弁護人に請求に係る証拠の提示を命ずることができますし、検察官に対してその保管する証拠で裁判所の指定する範囲に属するものの標目（表題）を記載した一覧表の提出を命じることができます（316条の27）。
　　　裁判所は、公判前整理手続が終わった後、公判期日において、公判前整理手続の結果を明らかにする必要があります。期日間整理手続の場合も同様です（316条の31）。
⑶　公判前整理手続実施後の公判期日の審理は、次のようになります。
　①　公判前整理手続または期日前整理手続に付された事件については、検察官と被告人または弁護人は、やむを得ない事由によって、これらの手続によって請求することができなかったものを除いて、これらの手続が終わった後に証拠調べの請求をすることはできません（316条の32）。裁判所が職権で証拠調べをすることはできます。
　②　被告人または弁護人は、検察官から証拠の閲覧や謄写を受けた証拠の複製物を法律で定める正当な目的以外の目的で他人に交付

し提供してはなりません（281条の4）。これに違反した場合には、処罰の対象となります（281条の5）。
③　裁判所は、審理に2日以上を要する事件については、できる限り、連日開廷し、継続して審理を行う必要があります。この場合、訴訟関係人は、期日を厳守し、審理に支障を及ぼさないようにしなければなりません（281条の6）。
④　裁判所は、必要と認めるときは、検察官や弁護人に対し、公判準備や公判期日に出頭し、かつ、これらの手続が行われている間、在席または在廷することを命ずることができます。この命令に正当な理由なく従わない場合は過料に処し、命令に従わないために生じた費用の賠償を命ずることができます（278条の2）。

3　公判前整理手続の問題点

(1)　公判前整理手続は、裁判員裁判（平成21年5月21日から実施された裁判員の参加する裁判）の実施に必要なものとして平成16年の刑事訴訟法の改正によって新設されたものですが、以下のような問題点が指摘されています。裁判員裁判の対象となる事件（Q47参照）では、必ず公判前整理手続に付する必要があるとされています。

(2)　公判前整理手続は、公開の法廷で行われる刑事裁判の手続に入る前に「非公開」で行われることから公開裁判を受ける被告人の権利が侵害されることになります。公判前整理手続の期日には、検察官・弁護人・裁判官の出席は必要とされていますが、被告人は出席の権利はあるものの出席の義務はないので、被告人抜きで公判前整理手続が行われる可能性があります。

(3)　刑事裁判では裁判官の予断排除の原則から、起訴状一本主義（裁判官は裁判開始時には起訴された犯罪事実について記載された起訴状しか見ることができない制度）を採用していますが、公判前整理手続では、裁判官は、裁判開始前に証拠を見ることとなり予断を抱く可能性があります。

(4) 公判前整理手続では、①どの事実について争うか（争点整理）、②どの証拠をどの順序で取り調べるか（証拠決定）を整理し、③検察官に証拠の開示を求める手続を行いますが、手続終了後は、やむを得ない事由により公判前整理手続において請求できなかった証拠を除き、証拠調べの請求をすることができないという重大な制約が設けられています。

(5) 裁判員の参加しない公判前整理手続では、裁判官が主宰して争点整理や証拠決定が行われますから、裁判官は、検察官の有罪立証の証拠に接触することにより有罪の予断を抱く高度の危険性があります。

(6) 公判前においては、検察官は有罪立証の証拠を保有しているが、被告人には何らの証拠もないのが通常ですから、公判前整理手続において被告人の主張・立証を明確にすることは著しく困難であり、証拠の保有量で極端な均衡を欠く両者間で適正な争点整理や証拠決定をすることは不可能に近く、冤罪を生む危険性が増大することになります。

(7) 公判前整理手続は非公開で行われ、この手続によって争点整理や証拠決定が行われることから、その事件の方向性が決められてしまい、公開の法廷で行われるべき刑事裁判が形骸化してしまいます。

Q32 証拠調べとは、どういうことですか

1 証拠調べとは

(1) 証拠調べとは、犯罪事実を認定する証拠を調べる手続をいいます。「事実の認定は、証拠による」と規定されていますが（317条）、この場合の事実とは犯罪事実を意味し、証拠とは適法な証拠調べを経た証拠を意味します。犯罪事実は証拠によって認定されなければならないという原則を「証拠裁判主義」といいます。証拠とは、事実認定の基礎とすることのできる資料（例えば、証言、指紋）で裁判官が事実の存否について確信を抱くための「証明」の手段をいいます。例えば、犯行の目撃者の証言、犯行に使用された凶器の形状が証拠に当たりますが、これらを証拠資料といいます。証拠資料のもとになる証人や凶器を証拠方法といいます。

(2) 証明には、①厳格な証明、②自由な証明、③疎明の3種類がありますが、犯罪事実の証明は「厳格な証明」による必要があります。

① 厳格な証明とは、証拠能力（公判廷で証拠調べのできる適格性）が認められ、かつ、公判廷での適法な証拠調べを経た証拠による証明をいいます。例えば、起訴状の犯罪事実には厳格な証明が必要です。

② 自由な証明とは、厳格な証明のような証拠能力の存在や適法な証拠調べという制約のない証明をいいます。適宜の証拠や適宜の証拠調べ手続によってなされる証明です。例えば、訴訟手続上の事実は自由な証明でよいのです。判例は「逆探知結果の記録がないという証明」は自由な証明で足りるとしています。

③ 疎明とは、裁判官に一応確からしいという程度の心証を生じさせることをいいます。訴訟手続上の事項に限られますが、その方

法には制約はありません。例えば、検察官は制限時間内に勾留請求をする必要がありますが、「やむを得ない事情」を疎明した場合は、制限時間後に勾留請求ができます。
(3) 証拠は、次のように分類することができます。
　① 人的証拠（証人、鑑定人、被告人のような人間）と物的証拠（それ以外の場合）の分類は強制処分の違いによるもので、前者は召喚（出頭を命ずる裁判所の意思表示）や勾引（強制的につれて行く強制処分）であり、後者は押収です。
　② 人証（証人、鑑定人、被告人）、物証（犯行に使用された凶器、犯行現場など）、書証（記載内容が証拠資料となる書面）の分類は証拠調べの方法の違いによるものです。人証とは口頭で証拠を提出する証拠方法をいいます。物証とは物の存在や状態が証拠資料となる物体をいいます。書証とはその記載内容が証拠資料となる書面をいいます。書証は、証拠書類と証拠物たる書面（例えば、偽造文書）に分けられますが、前者は朗読だけで足りますが、後者は展示（その物を示すこと）と朗読が必要です。
　③ 供述証拠（証人の証言や参考人の供述のような人の言葉による証拠）と非供述証拠（それ以外の証拠）に分類されますが、前者は法廷に出されるまでに記憶誤り、表現の誤りのような危険性が存在するので、反対尋問によって正確性や信頼性を確認しない限り証拠として用いることができないとされています。後者には、そのような危険性はないので、立証する事実と関連性が明らかであれば証拠とすることができます。反対尋問を経ていない供述証拠を伝聞証拠といい、それを証拠にできないという伝聞法則が規定されています（320条1項。Q33参照）。
　④ 本証（立証責任を負っている者がその事実を証明するために提出する証拠）と反証（相手方がその事実を否定しまたはそれに疑いを生じさせるために提出する証拠）に分類されますが、刑事訴訟では検察官が立証責任を負いますから、通常は検察官が提出す

る証拠が本証で、被告人の提出する証拠が反証となります。
⑤　直接証拠（犯罪事実を直接証明するのに用いられる証拠）と間接証拠（一定の間接的な事実を証明することにより犯罪事実の証明に寄与する証拠）の分類がありますが、前者の例には目撃者の証言、被害者の証言、被告人の自白があります。後者の例には犯行現場の犯人の指紋、凶器の存在があります。間接証拠だけで有罪を認定することもできます。間接証拠のことを情況証拠（証明を必要とする事実の存否を間接的に証明する証拠）ともいいます。
⑥　実質証拠（犯罪事実の存否を証明するための証拠）と弾劾証拠（実質証拠の証明力を弱めるための証拠）に分類されますが、例えば、犯行の目撃者の証言（実質証拠）の証明力を弱めるために目撃した時刻は既に暗くなっていた事実（弾劾証拠）を証明するような場合です。

2　証拠の証明力と立証責任

(1)　証拠の証明力（証拠の価値）の判断は、裁判官の自由な判断に委ねることとされています（318条）。これを裁判官の「自由心証主義」といいます。この場合の証拠とは、「厳格な証明」の資料として取り調べのできる法律上の資格（証拠能力）のある証拠をいいます。証拠能力のない証拠は、犯罪事実の認定に用いてはならないし、証拠調べをすることも許されません。裁判官の心証形成に不当な影響を与えるからです。
(2)　証拠の証明力（証拠の価値）は、その有無とともに程度が問題となりますが、証拠の証明力の評価は、裁判官の自由な判断に委ねることが真実の発見に寄与するという考えから、裁判官の自由心証に委ねるという自由心証主義が採用されています。一定の証拠があれば一定の事実を認定しなければならないとする法定証拠主義に対立する考え方です。
(3)　立証責任（証明責任・挙証責任）とは、証明する必要がある事実に

ついて、裁判官が存否（存在するのかしないのか）の判断ができなかった場合に不利益な判断を受ける当事者（検察官か被告人）の地位をいいます。刑事訴訟では、「無罪の推定の原則」や「疑わしきは被告人の利益にの原則」によるものとされ、犯罪事実についての立証責任は、検察官が負担することになります。これらの原則は、法律に明文の規定はありませんが、近代的な刑事裁判における鉄則とされています。被告人が積極的に無罪を立証する責任はないのです。被告人が犯罪事実の不存在（無かったこと）を証明することは、実際には不可能な場合が多いのです。

(4) 犯罪事実が立証されたというためには、検察官は、犯罪事実の存在について「合理的な疑いを超える証明」をする必要があります。「合理的な疑いを超える証明」とは、通常人ならば誰でも、合理的な疑いを生ずる余地のない程度に真実であるとの確信を裁判官の心証として得させる証明をいいます。裁判官は、この確信が得られない場合には、犯罪の証明がないとして無罪の判決を言い渡す必要があります（336条後段）。判例では、訴訟上の証明は、自然科学者の用いるような実験に基づく論理的証明ではなく、歴史的証明であり、歴史的証明は「真実の高度の蓋然性（がいぜんせい）」をもって満足するもので、通常人なら誰でも疑いをさしはさまない程度に真実らしいとの確信を得ることが証明できたとするものであるとしています。

(5) 例外的に立証責任を被告人が負担する次の場合があります。
① 名誉毀損罪（めいよきそん）では、名誉毀損をした被告人が処罰を免れるためには、摘示した事実が①公共の利害に関する事実であること、②公益目的であること、③摘示した事実が真実であることを証明する必要があります（刑法230条の2第1項）。
② 2人以上の者が同時に他人を傷害した場合に、傷害の軽重や行為者を知ることができないときは、共犯とされないためには、自分の行為によるものでないことを証明する必要があります（刑法207条）。

3　証拠による証明

(1)　犯罪事実を証明するには、「厳格な証明」が必要です。犯罪事実とは、刑罰法規に規定する犯罪構成要件（例えば、人を殺す、人の名誉を毀損する）に該当する違法かつ有責な（責任のある）事実をいいますから、違法性や有責性の基礎となる事実についても厳格な証明が必要です。刑の加重事由（例えば、再犯の場合の刑の加重）の事実を認定するには、厳格な証明を必要とします。刑の減免事由（例えば、未遂、心神耗弱）の不存在についても厳格な証明が必要です。

(2)　訴訟法上の事実（例えば、期日変更決定、公判手続停止決定の基礎となる事実）に関する証明は、自由な証明で足ります。ただ、実務上は、親告罪（被害者の告訴がないと起訴できない罪）の告訴の有無とか自白の任意性に関する事実については、厳格な証明によっています。

(3)　証拠による証明の必要のない事実として、①法律その他の法規、②公知の事実、③裁判上顕著な事実、④推定される事実があります。

①　法律その他の法規は、裁判官が事実認定に用いる準則ですから証明の対象となりませんが、外国法、自治体の条例、慣習のような特殊な法規は証明の対象となります。一般的な経験則（例えば、雨が降ったら道路が濡れる）も証明の対象となりませんが、専門的な経験則（例えば、医学上の経験則）は証明の対象となります。

②　公知の事実とは、第二次世界大戦や関東大地震のような歴史的事実や確実な資料で誰でも確認できる事実（例えば、昨年の8月1日は金曜だという事実）をいいますが、公知の事実は証明の対象とはなりません。

③　裁判上顕著な事実とは、裁判官が職務上知り得た事実（例えば、被告人が第1回公判前に保釈された事実）をいいますが、判例は、裁判所に顕著な事実は証明の対象とならないとしています。ただ、その裁判官が以前にした判決のような当事者の知らない事実につ

いては証明の対象とならないとすることは不合理ですから、学説は証明の対象となると解しています。

④　推定とは、一定の前提事実が証明されると他の事実（推定事実）を認定することをいいます。推定の規定には、(a) みなし規定（甲事実は乙事実とみなすというように法律により推定を強制する場合）、(b) 法律上の推定（例えば、A事実があるときは、B事実があると推定される場合で、反対の事実を立証しない限り法律により前提事実が証明されると推定事実が認定される場合）、(c) 事実上の推定（例えば、尿から覚せい剤の成分が検出された場合に、覚せい剤を使用した事実を経験則によって推定する場合のように甲事実が存在すれば、通常は乙事実が存在すると裁判官が経験則や論理則により事実上推定する場合）があります。

Q33 伝聞法則とは、どういうことですか

1 伝聞法則とは

(1) 伝聞法則とは、法廷での反対尋問（真実性を確認するための質問）を経ていない供述証拠（伝聞証拠といいます）は原則として証拠となし得ないという原則をいいます。つまり、他人から聞いた話は証拠にならないのです。伝聞証拠は、法廷での反対尋問を経ていないので誤りが含まれている危険があることから原則として証拠になり得ないのです。伝聞証拠には、次の①供述書、②供述録取書、③伝聞証言の三つがあります。

① 供述書とは、供述内容を供述者自らが記載した書面をいいます。例えば、被害届、告訴状、告発状、陳述書、日記、手紙があります。

② 供述録取書とは、供述者から聞き取った供述内容を第三者が記録した書面をいいます。例えば、警察官面前証書（警察官の作成した被疑書の供述調書）、被疑者以外の第三者の参考人供述調書があります。

③ 伝聞証言とは、供述者から聞いた内容をそれを聞いた者が公判廷で供述した証言をいいます。例えば、AがBを殺すのを見たというCの供述を聞いたDの公判廷で供述した証言をいいます。

(2) 伝聞証拠とは、事実認定のもとになる事実を体験者自身が公判廷で供述せず、他の方法で公判廷に提出される供述証拠をいいます。これには、①本来の供述が書面で示される場合（例えば、被害届、目撃者の供述調書）と②体験者以外の者が体験者から聞いた内容を公判廷で供述する場合（伝聞証言）とがありますが、いずれも記憶間違い、表現の誤りが混入する危険があることから、事実の真実性を証明す

る証拠として用いることはできません。これに対して、立証しようとする事実が本来の供述の内容の真実性とは関係がない場合（例えば、脅迫事件に使用された脅迫文書の内容）には、伝聞法則は適用されません。更に、供述証拠でない非供述証拠の物の存在（例えば、犯行に使用された凶器）にも伝聞法則は適用されません。

2 伝聞法則の例外

(1) 伝聞法則とは、原則として伝聞証拠（供述書、供述録取書、伝聞証言）には証拠能力を認めないことを意味しますが、その例外として、①証拠として取り調べるべき必要性があり、②その供述が特に信用すべき情況の下になされたと認められる場合（公判廷における供述に代わるほど信用できる外部的な情況が認められる場合）には伝聞証拠に証拠能力が認められます。被告人以外の者が作成した供述書（例えば、被害届、上申書）やその者の供述を録取した書面（供述録取書）で供述者の署名または押印のあるものは、次の場合に限り、証拠とすることができます（321条1項）。

① 裁判官の面前における供述を録取した書面（例えば、裁判官による証人、鑑定人、通訳人、翻訳人などの尋問調書）については、その供述者が、(a) 死亡、精神や身体の故障、所在不明や国外にいるため公判準備や公判期日において供述することができない場合、(b) 公判準備や公判期日において前の供述と異なった供述をした場合（1号書面）。

② 検察官の面前における供述を録取した書面（例えば、検察官が参考人の取調べの際に作成した供述調書）については、その供述者が、(a) 死亡、精神や身体の故障、所在不明や国外にいるため公判準備や公判期日において供述することができない場合、(b) 公判準備や公判期日において前の供述と相反するか実質的に異なった供述をした場合（2号書面）。ただし、(b) の書面については、供述不能の要件に加えて、前の供述を信用すべき特別の情況の存する

場合に限られます。
　　③　上の①②以外の書面（例えば、被害届、司法警察員作成の参考人の供述録取書、司法警察員の捜査報告書）については、供述者が死亡、精神や身体の故障、所在不明や国外にいるため公判準備や公判期日において供述することができず、かつ、その供述が犯罪事実の存否の証明に欠くことができないものである場合（3号書面）。ただし、その供述が特に信用すべき情況の下にされたものである場合に限ります。
(2)　被告人以外の者の公判準備や公判期日における供述を録取した書面、裁判所や裁判官の検証の結果を記載した書面は、証拠とすることができます（321条2項）。例えば、公判準備での証人、鑑定人等の尋問調書や公判期日でのこれらの者の供述を録取した書面があります。
(3)　検察官・検察事務官・司法警察職員の検証の結果を記載した書面は、その供述者が公判期日において証人として尋問を受け、その真正に作成されたものであることを供述した場合には、証拠とすることができます（321条3項）。鑑定の経過や結果を記載した書面（鑑定書）で鑑定人の作成したものについても同様です（321条4項）。
(4)　ビデオリンク方式（別室と法廷を回線で接続してモニターを介して尋問する方式）による証人尋問の記録媒体がその一部とされた調書は、証拠とすることができますが、裁判所は、その調書を取り調べた後、訴訟関係人に対し、その供述者を証人として尋問する機会を与える必要があります（321条の2）。
(5)　被告人が作成した供述書や被告人の供述を録取した書面で被告人の署名または押印のあるものは、その供述が被告人に不利益な事実の承認を内容とするものである場合、または特に信用すべき情況の下にされたものである場合に限り、これを証拠とすることができます。ただし、被告人に不利益な事実の承認を内容とする書面は、その承認が自白でない場合においても、自白の証拠能力の規定（319

条）に準じて、任意にされたものでない疑いがあると認める場合は、これを証拠とすることはできません（322条1項）。つまり、①その供述が被告人に不利益な事実を承認するものであるときは「任意性」を要件として、②それ以外の供述の場合は、「特に信用すべき情況の下になされたこと」を要件として、証拠能力が認められるのです。

(6) 被告人の公判準備や公判期日における供述を録取した書面は、その供述が任意にされたものであると認める場合に限り、これを証拠とすることができます（322条2項）。

(7) 次の書面は、特に信用すべき情況の下に作成された書面として証拠とすることができます（323条）。

① 戸籍謄本、公正証書謄本その他公務員（外国の公務員を含む）が職務上証明することができる事実についてその公務員の作成した書面

② 商業帳簿、航海日誌その他業務の通常の過程において作成された書面

③ その他、特に信用すべき情況の下に作成された書面（例えば、暦、公の統計書）

(8) 被告人以外の者の公判準備や公判期日における供述で被告人の供述をその内容とするものについては、322条の被告人の供述書の証拠能力の規定を準用します（324条1項）。被告人以外の者の公判準備や公判期日における供述で被告人以外の者の供述をその内容とするものについては、321条1項3号（例えば、司法警察職員が参考人を取調べて作成した供述録取書のような3号書面）の被告人以外の者の供述書の証拠能力の規定を準用します（324条2項）。前者は、157頁の(5)(6)同様になり、後者は156頁の(1)の③と同様になります。

(9) 検察官と被告人が証拠とすることに同意した書面や供述は、その書面が作成されまたは供述のされたときの情況を考慮し相当と認める場合に限り、証拠とすることができます（326条1項）。刑事訴訟の実務では、供述証拠（供述調書その他の書証）の取り調べ請求が

あると、相手方の同意または不同意の確認がなされます。同意があれば、伝聞法則の例外に該当するか否かの判断も必要とされません。不同意の場合にのみ①供述証拠（書証）の取り調べ請求を撤回して供述者の証人尋問を請求するか、②伝聞法則の例外に該当することを立証することになります。

(10) 裁判所は、検察官と被告人または弁護人が合意の上、文書の内容または公判期日に出頭すれば供述することが予想される内容を書面に記載して提出した場合は、その文書や供述すべき者を取り調べないでも、その合意書面を証拠とすることができます（327条）。

(11) 伝聞法則の適用によって証拠とすることのできない書面や供述であっても、公判準備や公判期日における被告人、証人その他の者の供述の証明力を争うためには、これを証拠とすることができます（328条）。この証明力を争う証拠（ある供述が信用できないことを示すための証拠）を弾劾証拠といいます。弾劾証拠は、犯罪事実を認定する証拠として用いることはできません。

Q34 自白法則とは、どういうことですか

1 自白法則とは

(1) <u>自白法則とは、任意性に疑いのある自白（暴力や利益誘導のような強制的要素の加わった可能性のある自白）を排除する原則</u>をいいます。<u>自白とは、自己の犯罪事実の全部またはその主要な部分を認める被告人の供述</u>をいいます。憲法38条2項は、「強制、拷問若しくは脅迫による自白又は不当に長く抑留若しくは拘禁された後の自白は、これを証拠とすることはできない」と規定しています。刑事訴訟法319条1項は「強制、拷問又は脅迫による自白、不当に長く抑留又は拘禁された後の自白その他任意にされたものでない疑いのある自白は、これを証拠とすることができない」と規定しています。

(2) 任意性に疑いのある自白には証拠能力を認めない（証拠とすることができない）自白法則の根拠としては、①自白に信用性が乏しく虚偽である危険性を排除するためとする虚偽排除説、②黙秘権その他の被告人の人権を守るためとする人権擁護説、③違法な手段により獲得された自白を排除するためとする違法排除説があります。通説は違法排除説であり、判例は、これらの観点を考慮していると解されています。

2 自白の証明力

(1) 憲法38条3項は、「何人も、自己に不利益な唯一の証拠が本人の自白である場合には、有罪とされ又は刑罰を科せられない」と規定しています。刑事訴訟法319条2項は、「被告人は、公判廷における自白であると否とを問わず、その自白が自己に不利益な唯一の証拠である場合には、有罪とされない」と規定しています。つまり、有罪

の認定をするには、自白以外の証拠（補強証拠）を必要とするのです。これを自白の補強法則といいます。この自白には、起訴された犯罪について有罪であることを自認する場合も含まれます（319条3項）。補強法則は、自白の証明力（証拠価値）を制限したものですから、裁判官の自由心証主義の例外ということになります。

(2)　補強証拠を必要とするのは犯罪事実についてですから、犯罪事実以外の事実については補強証拠を必要としません。判例も、再犯の刑の加重の理由である前科（別の事件で刑罰の言い渡しを受け、その裁判が確定していること）の事実を被告人の自白だけで認定しても、違法でないとしています。

(3)　犯罪事実のうちどの部分について補強証拠を必要とするかについて、判例は、自白以外の補強証拠によって犯罪の客観的事実（犯罪構成要件に該当する事実が被告人によって犯された事実）が認められる場合には、犯意とか知情（事情を知っていること）という犯罪の主観的部面については、自白が唯一の証拠であっても差し支えないとしています。

(4)　補強証拠の必要な具体的な範囲は、①殺人罪では、死体の存在という補強証拠だけでは不十分であり、それが犯罪行為によって発生したという点まで補強証拠を必要とします。②無免許運転罪では、運転行為だけでなく無免許であるという事実についても補強証拠を必要とします。③窃盗罪では、被害届から盗難被害という窃盗罪の重要部分が証明できれば、被告人の窃盗の自白の真実性を確保できるので補強証拠になります。

(5)　共犯者の自白（共同して犯行を行った者の自白）については、判例は、共犯者は被告人にとっては第三者であるから、反対尋問によって供述の信用性を争うことができるので、共犯者の自白には補強証拠（別の証明力を補強する証拠）を要しないとしています。つまり、「本人の自白」には補強証拠を必要としますが、共犯者の自白は完全な証明力を持つことから、補強証拠は必要がないとされているのです。

Q35 違法収集証拠の排除法則とは、どういうことですか

1 違法収集証拠の排除法則とは

(1) 違法収集証拠の排除法則とは、違法に収集された証拠の証拠能力（公判廷で取り調べることのできる資格）を否定する原則をいいます。

　例えば、逮捕状なしに被疑者を逮捕し、被疑者が隠し持っていた覚醒剤を押収した場合のような証拠を収集する過程で違法な行為があった場合は、その証拠に証拠能力を認めない原則をいうのです。違法収集証拠の排除法則は、明文の規定はないものの、昭和53年の次の(2)の最高裁判例によって採用された理論なのです。ただ、刑事訴訟法317条は「事実の認定は、証拠による」と規定していますが、この場合の証拠は適法な証拠を意味しますから、違法収集証拠は317条の証拠にならないことになります。

(2) 昭和53年前の旧判例では、証拠物の収集手続が違法であっても、証拠物それ自体の性質や形状に変異はないから、証拠としての価値には変わりはないという考え方をしていました。ところが、昭和53年の最高裁判例では、覚醒剤の押収手続の違法性に関して、①証拠物の押収手続に憲法35条（令状主義）や刑事訴訟法218条の令状主義の精神を没却（無視）するような重大な違法があり、②これを証拠として許容することが、将来における違法な捜査の抑制の見地からして相当でないと認められる場合においては、その証拠能力は否定されるものと解すべきであるとして違法収集証拠の排除法則を採用しました（昭和53年9月7日最高裁判決）。しかし、この判決の事案では、重大な違法はないとしました。

2　具体的な排除判断の基準

(1)　昭和53年の最高裁判例の基準では、捜査手続の違法が「重大な違法」と評価されなければ、証拠は排除されません。その後の最高裁判例でも、重大な違法があったとして証拠の排除を行った事例はほとんどありません。ただ、逮捕時に逮捕状の呈示がなく、逮捕状の緊急執行もされなかったという重大な手続的違法がある場合に、逮捕当日に採尿された尿鑑定書の証拠能力に関して、このような違法な逮捕に関連する証拠を許容することは、将来における違法捜査抑制の見地からも相当でないと認められるから、その証拠能力を否定すべきであるとした判例があります（平成15年2月14日最高裁判決）。

(2)　上の平成15年2月14日最高裁判決では、排除判断の基準に「重大な違法」基準のほかに「将来における違法捜査抑制」の基準も用いられています。「重大な違法」があれば、「将来における違法捜査抑制」の必要もありますが、両者は、別の判断基準として用いられる必要があります。

(3)　違法捜査によって獲得された証拠（毒樹）に基づいて発見された派生的な証拠（例えば、その証拠についての鑑定書のような果実）も排除されます。これを「毒樹の果実の理論」といいます。違法収集証拠の排除法則を形骸化させないためには、毒樹だけでなく果実の証拠も排除する必要があるからです。ただ、捜査機関が、独立の捜査活動から果実の存在を把握していた場合、先行の違法捜査と証拠との関係が希薄になっている場合には、証拠能力を認めてよいと解されています。

(4)　違法収集証拠の排除法則の例外として、①違法収集証拠によらなくても、独立になされた捜査によって不可避的に同一証拠を発見できた場合（例えば、一部の捜査官が違法捜査をしたが、違法捜査をしなくても、いずれ他の捜査官がその証拠を発見した場合）には、証拠は排除されない、②違法捜査をした捜査官がその手続の合法性を

信じていた場合は、証拠は排除されないと解されています。いずれも、この場合の証拠を排除しても、違法捜査の抑止的効果がないからです。③違法の程度が軽微でかつ偶発的な場合には、このような排除法則の例外を認める余地があります。

Q36 裁判の種類には、どんなものがありますか

1 裁判の形式による分類（判決、決定、命令）

(1) 裁判とは、一人もしくは複数の裁判官で構成される裁判所または裁判官の意思表示を内容とする行為をいいますが、裁判の形式による分類では、次のように①判決、②決定、③命令に分類されます（43条）。

① 判決とは、裁判所による裁判で、原則として口頭弁論（公判廷で口頭で行う主張や立証）に基づいて行われ、必ず理由を付する必要があります。判決に対する不服申立（上訴）には、高等裁判所に対する「控訴」、最高裁判所に対する「上告」があります。

② 決定とは、裁判所による裁判で、口頭弁論を経ずに行うことのできる裁判をいいます。上訴を許さない決定には理由を付する必要はないとされています。決定の裁判に対する不服申立は、「抗告」となります。例えば、裁判官の忌避申立の却下決定に対して即時抗告ができます。

③ 命令とは、裁判官による裁判で、裁判官が口頭弁論を経ずに行うことのできる裁判をいいます。上訴を許さない命令には決定と同じで、理由を付する必要はないとされています。命令の裁判に対する不服申立は、「準抗告」となります。

(2) 裁判には理由を付する必要がありますが、上訴を許さない決定と命令には理由を付する必要はないとされています（44条）。決定または命令をするについて必要がある場合には、事実の取り調べ（例えば、証人尋問、鑑定）をすることができます（43条2項）。決定は、申立により公判廷でする場合や公判廷における申立によりする場合は、訴訟関係人の陳述を聴く必要がありますが、その他の場合や命

令については訴訟関係人の陳述を聴かないですることができます（規則33条）。
(3) 略式命令は、命令という用語は使用していますが、簡易裁判所が公判を開かずに罰金や科料を科す裁判（決定）をいいますから、上の命令とは性質が異なります（Q43参照）。

2 裁判の機能による分類（終局裁判と非終局裁判）

(1) 終局裁判とは、事件をその審級から離脱させる効果を持つ次のような裁判をいいます。
　① 管轄違いの判決（被告事件がその裁判所の管轄に属しない場合、329条）
　② 公訴棄却の判決（例えば、外国元首の使節のような被告人に対して裁判権を有しない場合、338条）
　③ 公訴棄却の決定（例えば、公訴が取り消された場合、339条）
　④ 免訴の判決（例えば、時効が完成した場合、337条）
　⑤ 移送決定（簡易裁判所から地方裁判所への移送、332条）
　⑥ 有罪判決（333条、334条）
　⑦ 無罪判決（336条）

(2) 非終局裁判とは、訴訟の継続進行を目的とする裁判で、①終局前になされる裁判（終局裁判の準備のための手続の過程でなされる裁判）と、②終局後になされる裁判（終局裁判に付随して生じる派生的問題について行われる裁判）があります。
　①には、訴訟指揮の裁判、証拠調べに関する裁判があります。
　②には、訴訟費用負担の決定（187条）、上告裁判所の訂正判決（415条）があります。

3 公訴提起に対する終局裁判の分類（実体裁判、形式裁判）

(1) 公訴提起に対する終局裁判の内容についての分類として、①実体裁判と②形式裁判に分けられます。①実体裁判とは、公訴の理由の

有無について判断を下す裁判をいいます。②形式裁判とは、公訴の有効・無効について判断を下す裁判をいいます。
(2) 実体裁判は、次のように①有罪判決（刑の言渡し、刑の免除）と②無罪判決に分けられます。判決は、公判廷において宣告により告知する必要があります（342条）。
  ① 有罪判決は、被告事件について犯罪の証明があった場合に、刑の免除の場合を除き、判決で刑の言渡しをする必要があります（333条1項）。犯罪の証明があった場合とは、訴因（起訴状に記載された犯罪事実）について「合理的な疑い（犯人かどうかの疑問）を生ずる余地のない程度の証明」に基づいて事実認定がなされ、刑罰法令の適用により犯罪の成立が認められた場合をいいます。合理的な疑いを生ずる余地のある場合は、「疑わしきは被告人の利益に」の原則により無罪とされます。刑の執行猶予は、刑の言渡しと同時に、判決で言い渡す必要があります。保護観察（刑法25条の2）に付する場合も判決で言い渡す必要があります（333条2項）。刑の免除をする場合にも、判決でその旨の言渡しをする必要があります（334条）。

  　有罪の言渡しをする場合は、裁判所は、主文（例えば、被告人を懲役2年に処する）とその理由とを示す必要がありますが、理由としては、①罪となるべき事実、②証拠の標目（表題）、③法令の適用を示す必要があります。法律上犯罪の成立を妨げる理由または刑の加重減軽の理由となる事実が主張された場合には、これに対する判断を示す必要があります（335条）。
  ② 無罪判決については、被告事件が罪とならない場合または被告事件について犯罪の証明がない場合には、判決で無罪の言渡しをする必要があります（336条）。罪とならない場合とは、審理の結果、犯罪構成要件に該当しないこと、違法性や責任を欠くことが分かった場合をいいます。無罪判決には、有罪判決のように特別の理由を示す必要はありません。

(3) 形式裁判は、次のように①免訴の判決、②公訴棄却の判決、③公訴棄却の決定、④管轄違いの判決、⑤移送決定に分けられます。
　① 免訴の判決（訴訟を打ち切る判決）は、次の場合に言い渡されます（337条）。
　　ア　確定判決を経た場合（一事不再理の原理に基づく免訴の理由）
　　イ　犯罪後の法令により刑が廃止された場合
　　ウ　大赦（公訴権を消滅させる恩赦の一種）があった場合
　　エ　公訴の時効が完成している場合
　② 公訴棄却の判決（門前払いの形式裁判）は、次の場合に言い渡されます（338条）。
　　ア　被告人に対して裁判権を有しない場合
　　イ　公訴取消後の再起訴の規定に違反して公訴が提起された場合（公訴取消による公訴棄却の決定が確定した場合は、公訴取消後に犯罪事実につき新たに重要な証拠を発見した場合に限り同一事件につき更に公訴の提起ができます。340条）。
　　ウ　公訴の提起があった事件について、更に同一裁判所に公訴の提起がされた場合
　　エ　公訴提起の手続がその規定に違反したため無効である場合
　③ 公訴棄却の決定は、次の場合になされます（339条）。訴訟条件を欠くことが明らかなので口頭弁論を経ずに決定で棄却できることにしたのです。この決定に対して検察官は即時抗告（不服申立）ができます。
　　ア　2カ月以内に起訴状謄本の送達を要する規定により公訴の提起の効力を失った場合
　　イ　起訴状に記載された事実が真実であっても、何らの罪となるべき事実を包含していない場合
　　ウ　公訴が取り消された場合
　　エ　被告人が死亡しまたは被告人である法人が存続しなくなった場合

オ　同一事件と数個の訴訟継続の規定（10条、11条）により審判
　　　してはならない場合
④　管轄違いの判決は、被告事件がその裁判所の管轄に属しなかっ
　た場合になされます（329条）。
⑤　移送の決定は、簡易裁判所が、地方裁判所において審理するの
　を相当と認めた場合に、決定で管轄地方裁判所に移送する場合に
　なされます（332条）。

Q37 刑罰の種類には、どんなものがありますか

1　刑罰の種類は

(1)　刑罰の種類には、①死刑、②懲役、③禁錮、④罰金、⑤拘留、⑥科料、⑦没収があります。①から⑥までを主刑（それ自体を独立に科することのできる刑罰）といい、⑦を付加刑（主刑を言い渡す場合に付加して科することのできる刑罰）といいます（刑法9条）。

(2)　刑罰の内容は、次のように定められています（刑法11条〜21条）。

①　死刑は、刑事施設内において絞首（首を絞めて殺すこと）して執行します。死刑の言渡しを受けた者は、その執行に至るまで刑事施設に拘置されます（刑法11条）。死刑の執行は、法務大臣の命令によります（475条1項）。法務大臣の命令は、原則として判決確定の日から6カ月以内になされる必要があります（475条2項）。法務大臣が死刑の執行を命じた場合は、5日以内に執行する必要があります（476条）。

②　懲役は、無期懲役と有期懲役に分かれ、有期懲役は、1カ月以上20年以下とされています。懲役は、刑事施設に拘置して所定の作業を行わせるとしています（刑法12条）。

③　禁錮は、無期禁錮と有期禁錮に分かれ、有期禁錮は、1カ月以上20年以下とされています。禁錮は、刑事施設に拘置されます（刑法13条）が、作業は科されません。

④　罰金は、1万円以上とされていますが、これを減軽する場合は1万円未満に下げることができます（刑法15条）。

⑤　拘留は、1日以上30日未満とし刑事施設に拘置します（刑法16条）。

⑦　科料は、1000円以上1万円未満とされています（刑法17条）。

⑧　没収は、次の物に限りすることができます（刑法19条1項）。
　ア　犯罪行為を組成した物（例えば、賄賂供与罪の賄賂、猥褻文書販売罪の猥褻文書）
　イ　犯罪行為の用に供しまたは供しようとした物（例えば、殺人行為に用いた拳銃）
　ウ　犯罪行為によって生じ、もしくはこれによって得た物または犯罪行為の報酬として得た物（例えば、通貨偽造罪の偽造通貨、恐喝行為で得た契約書、偽証した謝礼金）
　エ　上のウの物の対価として得た物（例えば、盗品の売却代金）
　なお、没収は、犯人以外の者に属しない物（犯人に属する物と何人にも属さない物）に限りすることができますが、犯人以外の者に属する物であっても、犯罪後にその者が事情を知って取得したものである場合には、没収することができます（刑法19条2項）。

2　刑罰の適用は

(1)　主刑の軽重の順序は、①死刑、②懲役、③禁錮、④罰金、⑤拘留、⑥科料の順序とされています。ただし、無期禁錮と有期懲役では禁錮を重い刑とし、有期禁錮の長期（法律の規定の最長期間）が有期懲役の長期の2倍を超える場合も禁錮を重い刑とします（刑法10条1項）。
(2)　同種の刑は、①長期の長いもの又は多額（法律の規定の最大金額）の多いものを重い刑とし、②長期又は多額が同じである場合は短期（法律の規定の最短期間）の長いものまたは寡額（法律の規定の最少金額）の多いものを重い刑とします（刑法10条2項）。2個以上の死刑または長期もしくは多額及び短期もしくは寡額が同じである同種の刑は、犯情によって軽重を定めます（刑法10条3項）。
(3)　犯罪後の法律によって刑の変更があった場合には、その軽いものによります（刑法6条）。刑の変更は、主刑を標準としますが、主刑に軽重がない場合は付加刑が標準となります。

(4) 罪を犯した者が捜査機関に発覚する前に自首した場合は、その刑を減軽（軽くすること）することができます。告訴がなければ公訴を提起することができない罪（親告罪）について、告訴をすることができる者に対して自己の犯罪事実を告げ、その措置に委ねた場合も同様となります（刑法42条）。

(5) 懲役に処せられた者がその執行を終わった日またはその執行の免除を得た日から5年以内に更に罪を犯した場合において、その者を有期懲役に処するときは再犯とされますが、再犯の刑は、その罪について定めた懲役の長期の2倍以下とされます（刑法56条・57条）。三犯以上の者（懲役の前科が二つ以上ある者）についても再犯の例によります（刑法59条）。

(6) 併合罪（確定判決を経ていない2個以上の罪）のうちの2個以上の罪について有期の懲役または禁錮に処する場合は、その最も重い罪について定めた刑の長期にその2分の1を加えたものを長期とします。ただ、それぞれの罪について定めた刑の長期の合計を超えることはできません（刑法47条）。

(7) 犯罪の情状に酌量（事情をくみとること）すべきものがある場合は、その刑を減軽することができます（刑法66条、酌量減軽）。法律上、刑を加重しまたは減軽する場合であっても、酌量減軽（裁判官が情状によっては軽くすること）をすることができます（刑法67条）。

(8) 1個の行為が2個以上の罪名に触れる場合（例えば、警察官を傷害して公務の執行を妨害した場合は、傷害罪と公務執行妨害罪に触れる）、または犯罪の手段もしくは結果である行為が他の罪名に触れる場合（例えば、住居侵入罪と窃盗罪、偽造文書行使罪と詐欺罪）には、その最も重い刑により処断します（刑法54条1項）。前者を「観念的競合」ともいい、後者を「牽連犯」ともいいます。

(9) 宣告刑（実際に言い渡す刑）は、法定刑（刑罰法規に規定されている刑）に法律上または裁判上の加重または減軽をした処断刑（刑の言渡しの基準となる刑の範囲）の範囲内で刑の量定がなされて決定

されます。

3 刑の量定は

(1) 刑の量定（量刑）とは、法定刑に加重または減軽がなされた処断刑の範囲内で、具体的に言い渡すべき宣告刑を決定することをいいます。つまり、有罪の被告人に科す刑罰の種類と重さを決めることです。刑の量定は、裁判官の自由裁量に委ねられており、量刑の基準を定めた規定はありません。

(2) 裁判官の自由裁量に委ねられているものの、裁判官の恣意的な主観的な判断を許すものではなく、客観的な合理性をもったものでなければなりません。例えば、量刑不当は、控訴の理由とされています（381条）。

(3) 刑の量定に際して考慮すべき事情について明文の規定はありませんが、検察官が起訴猶予処分（有罪判決が得られるだけの証拠が揃っていても、犯人の性格・年齢・境遇、犯罪の軽重や情状、犯罪後の情況により起訴をしない処分）をする場合の事情が考慮されます（248条）。

4 刑の執行は

(1) 禁錮以上の刑に処する判決の宣告があった場合は、①保釈や勾留の執行停止は、その効力を失います。この場合は、新たに保釈または勾留の執行停止がない場合に限り、収監（しゅうかん）（刑事施設への収容）の手続がなされます（343条）。②この場合には、必要的保釈（87条の原則として保釈を認める制度）や勾留更新の制限（60条2項但書の更新の制限）の規定は適用されません（344条）。

(2) 無罪、免訴、刑の免除、刑の執行猶予、公訴棄却、罰金、科料の裁判の告知があった場合は、勾留状は効力を失います（345条）。

(3) 押収した物について没収の言渡しのない場合は、押収を解く言渡しがあったものとされます（346条）。押収した贓物（ぞうぶつ）（例えば、盗品）

Q37——刑罰の種類には、どんなものがありますか

で被害者に還付すべき理由が明らかなものは、これを被害者に還付する言渡しをする必要があります（347条）。

(4) 裁判所は、罰金、科料、追徴を言い渡す場合において、判決の確定を待ってはその執行をすることができず、またはその執行をするのに著しい困難を生ずるおそれがあると認める場合は、検察官の請求によりまたは職権で、被告人に対し、仮に罰金、科料、追徴に相当する金額を納付すべきことを命ずることができます。仮納付の裁判は、刑の言渡しと同時に判決で言い渡す必要があります。仮納付の裁判は、直ちに執行することができます（348条）。

Q38 執行猶予、仮釈放とは、どういうことですか

1 執行猶予とは

(1) 刑の執行猶予とは、裁判所が有罪判決の刑の言渡しを行う場合に、その刑の執行を一定期間猶予する制度をいいます。刑の執行猶予の言渡しを取り消されることがなく、猶予の期間を経過した場合は、刑の言渡しは効力を失います（刑法25条～27条）。

(2) 刑の執行猶予は、次に掲げる者が3年以下の懲役もしくは禁錮または50万円以下の罰金の言渡しを受けた場合に、情状により、裁判が確定した日から1年以上5年以下の期間、その執行を猶予することができます（刑法25条1項）。

　① 前に禁錮以上の刑に処せられたことのない者
　② 前に禁錮以上の刑に処せられたことがあっても、その執行を終わった日またはその執行の免除を得た日から5年以内に禁錮以上の刑に処せられたことがない者

(3) 前に禁錮以上の刑に処せられたことがあっても、その執行を猶予された者が1年以下の懲役または禁錮の言渡しを受け、情状に特に酌量すべきものがあるときも、上の(2)と同様とされます。ただし、次の保護観察の規定により保護観察に付され、その期間内に更に罪を犯した者は除かれます（刑法25条2項）。保護観察とは、刑の執行猶予中の者などに対して、保護観察所の行う指導監督や補導援護をいいます。

(4) 上の(2)の場合においては、猶予の期間中、保護観察に付することができます。上の(3)の場合においては、猶予の期間中、保護観察に付されます。保護観察は、行政官庁の処分によって仮に解除することができます（刑法25条の2）。

(5) 次に掲げる場合においては、刑の執行猶予の言渡しを取り消す必要があります。ただし、次の③の場合には、猶予の言渡しを受けた者が、上の（2）の②に掲げる者である場合と次の（6）の③に該当する場合は除かれます（刑法26条、執行猶予の必要的取消）。
　① 猶予の期間内に更に罪を犯して禁錮以上の刑に処せられ、その刑について執行猶予の言渡しのない場合
　② 猶予の言渡し前に犯した他の罪について禁錮以上の刑に処せられ、その刑について執行猶予の言渡しのない場合
　③ 猶予の言渡し前に他の罪について禁錮以上の刑に処せられたことが発覚した場合
(6) 次に掲げる場合においては、刑の執行猶予の言渡しを取り消すことができます（刑法26条の2、執行猶予の裁量的取消）。
　① 猶予の期間内に更に罪を犯し、罰金に処せられた場合
　② 保護観察に付された者が遵守すべき事項を遵守せず、その情状が重い場合
　③ 猶予の言渡し前に他の罪について禁錮以上の刑に処せられ、その執行を猶予されたことが発覚した場合
(7) 上の（5）と（6）の規定により禁錮以上の刑の執行猶予の言渡しを取り消した場合には、執行猶予中の他の禁錮以上の刑についても、その猶予の言渡しを取り消す必要があります（刑法26条の3）。
(8) 刑の執行猶予の言渡しを取り消されることなく、猶予の期間を経過した場合には、刑の言渡しは効力を失います（刑法27条）。猶予期間を無事満了した場合は、刑の宣告自体が消滅し前科を消滅させます。

2 仮釈放とは

(1) 仮釈放とは、刑事施設の被収容者に対し、本人の改善更生のために相当であると認められる場合に、行政機関の決定で刑期満了前に一定の条件付きで釈放することをいいます（刑法28条以下）。

(2) 懲役または禁錮に処せられた者に改悛の状（罪を悔い改め、心を入れかえること）がある場合は、有期刑についてはその刑期の3分の1を、無期刑については10年を経過した後、行政官庁（地方更生保護委員会）の処分によって仮に釈放することができます（刑法28条）。

(3) 次の場合には、仮釈放の処分を取り消すことができます。仮釈放の処分を取り消した場合には、釈放中の日数は刑期に算入されません（刑法29条）。
　① 仮釈放中に更に罪を犯し、罰金以上の刑に処せられた場合
　② 仮釈放前に犯した他の罪について罰金以上の刑に処せられた場合
　③ 仮釈放前に他の罪について罰金以上の刑に処せられた者に対し、その刑の執行をすべき場合
　④ 仮釈放中に遵守すべき事項を遵守しなかった場合

(4) 拘留に処せられた者は、情状により、いつでも、行政官庁の処分によって仮に出場（刑事施設から出ること）を許すことができます。これを「仮出場」といいます。罰金や科料を完納することができないため留置された者も、同様になります（刑法30条）。

第4章●
上訴の手続は、どのようになりますか

Q39 控訴とは、どういうことですか

1 控訴とは

(1) 控訴とは、第一審裁判所（地方裁判所・簡易裁判所・家庭裁判所）のした第一審判決に対する高等裁判所への上訴（上級裁判所への不服申立）をいいます。控訴審の制度には、①第一審判決の当否を審査する事後審（じごしん）の制度、②第一審判決の当否に関係なく全面的にやり直す覆審（ふくしん）の制度、③第一審の審理を続行する続審の制度がありますが、日本の制度は①の事後審の制度を採っています。

(2) 控訴の申立は、次の事由があることを理由とする場合に限られます（384条）。これを大別すると、①訴訟手続の法令違反（377条から379条）、②事実の誤認（382条、382条の2）、③法令の解釈適用の誤り（380条）、④量刑の不当（381条、382条の2）、⑤その他（383条）に分けられますが、実務上、最も多いのは④となっています。

① 訴訟手続の法令違反
　ア 法律に従って判決裁判所を構成しなかったこと
　イ 法令により判決に関与できない裁判官が判決に関与したこと
　ウ 審判の公開に関する規定に違反したこと
　エ 不法に管轄または管轄違いを認めたこと
　オ 不法に公訴を受理しまたはこれを棄却したこと
　カ 審判の請求を受けた事件について判決をせず、または審判の請求を受けない事件について判決をしたこと
　キ 判決に理由を付せず、または理由に食い違いがあること
　ク その他の訴訟手続の法令違反が判決に影響を及ぼすことが明らかであること

（上のアからキを絶対的控訴理由といい、クを相対的控訴理由といいます）
② 事実の誤認（誤認が判決に影響を及ぼすことが明らかな場合に限ります）
③ 法令の適用の誤り（判決に影響を及ぼすことが明らかな場合に限ります）
④ 刑の量定不当（宣告した刑が重すぎるか、軽すぎる場合）
⑤ その他（判決後の事情の変更）
　ア　再審の請求ができる場合にあたる事由があること
　イ　判決があった後に刑の廃止もしくは変更または大赦(たいしゃ)があったこと

2　控訴審の手続

(1)　控訴を申し立てることができる者（控訴申立権者）は、被告人と検察官ですが、被告人の法定代理人、保佐人、一審の弁護人も被告人のために控訴をすることができます。ただし、被告人の明示した意思に反した申立はできません（351条、353条、355条、356条）。

(2)　控訴の提起期間は、第一審判決の宣告のあった日から14日以内（初日は不算入）とされています（373条）。この提起期間内に高等裁判所あての控訴申立書を第一審の裁判所に提出する必要があります（374条）。第一審の裁判所は、控訴の申立が明らかに控訴権の消滅後にされたものである場合には、決定で棄却する必要があります。この決定に対しては即時抗告をすることができます（375条）。

(3)　控訴申立人は、二審の控訴裁判所の指定した「控訴趣意書」の提出期限（控訴裁判所からの通知の到達後21日目以後の日が指定されます）内に控訴趣意書を提出する必要があります（376条1項、規則236条）。控訴趣意書には、控訴の理由を簡潔に明示する必要があります（規則240条）。控訴趣意書には相手方の数に応じた謄本（全部の写し）を添付する必要がありますが、控訴裁判所は、控訴趣意書

を受け取ったときは、速やかに謄本を相手方に送達（法律に定めた方法による交付）をする必要があります（規則241条、規則242条）。

(4) 控訴の相手方は、控訴趣意書の謄本の送達を受けた日から7日以内に答弁書（相手方の主張に対する反論を書いた書面）を控訴裁判所に提出することができます。検察官が相手方である場合は、重要と認める控訴の理由について答弁書を提出する必要があります。裁判所は、必要と認める場合は、控訴の相手方に対し、一定の期間を定めて答弁書を提出することを命ずることができます。答弁書も相手方の数に応ずる謄本を添付する必要がありますが、控訴裁判所は、答弁書を受け取った場合は、速やかに謄本を控訴申立人に送達する必要があります（243条）。

(5) 控訴裁判所は、控訴の申立が法令上の方式に違反し、または控訴権の消滅後になされたものであることが明らかな場合には、決定で控訴を棄却する必要があります（385条）。次の場合にも、控訴裁判所は、決定で控訴を棄却する必要があります（386条）。
　① 控訴裁判所の指定した期間内に控訴趣意書を提出しない場合
　② 控訴趣意書が法律や規則に違反している場合、または控訴趣意書にこの法律や規則に定める必要な疎明資料や保証書を添付しない場合
　③ 控訴趣意書に記載された控訴の申立理由が明らかに法定の事由に該当しない場合

(6) 訴訟手続の法令違反（379条）、刑の量定不当（381条）、事実誤認（382条）を理由として控訴の申立をした場合は、控訴趣意書に訴訟記録と一審裁判所において取り調べた証拠に現れている事実であって、これらの事由があることを信ずるに足りるものを援用する必要があります（379条、381条、382条）。ただし、量刑不当または事実誤認の主張をする場合には、やむを得ない事由によって一審の弁論終結前に取調べ請求ができなかった証拠によって証明できる事実であって控訴理由があると信ずるに足りるものは、訴訟記録や一審

裁判所において取り調べた証拠に現れていない事実であっても、援用することができます（382条の2）。
(7) 控訴裁判所は、控訴趣意書に包含された事項は、必ず調査する必要があります。控訴裁判所は、控訴趣意書に包含されない事項であっても、控訴理由となり得る事項については職権で調査をすることができます（392条）。
(8) 控訴審においては、被告人は、公判期日に出頭する必要はありませんが、裁判所は、軽微な事件以外では被告人の出頭がその権利の保護のため重要であると認める場合は、被告人の出頭を命ずることができます（390条）。

3 控訴審の裁判

(1) 公訴棄却の決定は、一審裁判所が公訴棄却事由があるのに不法に公訴棄却の決定をしなかった場合になされます（403条）。
(2) 控訴棄却の決定は、控訴の申立が法令の規定に違反しまたは控訴権の消滅後にされたものであることが明らかな場合その他の法令上の手続違反（例えば、提出期限までに控訴趣意書を提出しない場合）がある場合になされます（385条、386条）。
(3) 控訴棄却の判決は、①控訴の申立が法令上の方式に違反しまたは②控訴権の消滅後にされたものである場合（消滅後にされたものであることが明らかな場合は控訴棄却の決定）、③控訴理由がない場合になされます（395条、396条）。
(4) 原判決（一審判決）破棄の判決は、①控訴理由が認められた場合、②職権取調べの結果、原判決を破棄しなければ明らかに正義に反すると認められた場合、③不法に管轄を認めたことを理由とする場合、④破棄の理由が共同被告人に共通の場合は共同被告人のためにも破棄する場合になされます（397条から401条）。原判決破棄の判決では、(a) 破棄差し戻し（原裁判所に差し戻して審理をやり直す場合）、(b) 破棄移送（原裁判所と同等の他の裁判所に移送する場合）、(c)

破棄自判（控訴裁判所自ら判決をする場合）があります。差し戻しは原裁判所で審理されますが、移送は原裁判所以外の裁判所で審理されます。例えば、原判決に裁判所の管轄の誤りがある場合は、破棄移送とされます。

(5) 不利益変更の禁止として、被告人が控訴をし、または被告人のため控訴をした事件については、原判決（一審判決）の刑より重い刑を言い渡すことはできないとされています（402条）。刑が重くなることをおそれて控訴をためらうことのないように配慮したものです。従って、検察官が控訴をした場合には、この適用はありません。

(6) 上級審の裁判所の裁判における判断は、その事件について下級審の裁判所を拘束します（裁判所法4条）。審級制度から必然的に認められるものです。

Q40 上告とは、どういうことですか

1 上告とは

(1) 上告とは、高等裁判所の判決（通常は二審の控訴審判決）に対して憲法違反または判例違反があることを理由に最高裁判所にする上訴（上級裁判所への不服申立）をいいます。三審制の最終審ですが、最高裁判所の負担が過重にならないように、上告理由は、高等裁判所の判決に次の通り憲法違反または判例違反があることを理由とする場合に限られています（405条）。

① 憲法の違反があることまたは憲法の解釈に誤りがあること
② 最高裁判所の判例と相反する判断をしたこと
③ 最高裁判所の判例がない場合に、大審院もしくは上告裁判所である高等裁判所の判例またはこの法律施行後の控訴裁判所である高等裁判所の判例と相反する判断をしたこと

(2) 上告審としての事件受理の制度として、最高裁判所は、上の405条の上告理由のない場合でも、法令の解釈に関する重要な事項を含むものと認められる事件については、その判決確定前に限り、自ら上告審としてその事件を受理することができます（406条）。この制度には、①控訴裁判所が憲法違反または憲法の解釈に誤りがあることのみを理由として控訴の申立をした事件について最高裁判所に移送する場合（規則247条）と、②地方裁判所、簡易裁判所、家庭裁判所の第一審判決において法令が憲法に違反すると判断したり、自治体の条例や規則が法律に違反すると判断した場合に控訴審を経由せずに最高裁判所に上告（飛躍上告といいます）する場合（規則254条）を含みます。

(3) 最高裁判所の構成は、①最高裁判所長官1人と最高裁判所判事14

人の合議体である大法廷と、②上の15人が5人ずつで構成する第1小法廷、第2小法廷、第3小法廷の合議体となっています。

2 上告審の手続

(1) 上告審の手続は、原則として控訴審の手続と同様になりますから、上告提起の期間（14日間）、上告申立権者も控訴審と同様になります（414条）。上告審の構造も、控訴審の場合と同様に二審判決の当否を審査する事後審とされています。

(2) 上告提起の方法も控訴審と同様に上告の申立書を二審の裁判所に提出する必要があります（414条）。上告申立人は、裁判所の指定した期限（裁判所の通知書が送達された日の翌日から起算して28日以後の日）内に「上告趣意書」を提出する必要があります（規則252条）。上告趣意書には、上告申立の理由を明示する必要があります（407条）。判例と相反する判断をしたことを理由として上告申立をした場合は、上告趣意書にその判例を具体的に示す必要があります（規則253条）。

(3) 上告審においては、公判期日に被告人を召喚する必要はありません（409条）。上告審では、憲法違反その他の法律問題が審理されるので、出頭の必要がないからです。

(4) 最高裁判所は、原判決（二審判決）において法律、命令、規則、処分が憲法に違反するものとした判断が不当であることを上告理由とする事件については、原裁判において同種の判断をしていない他のすべての事件に優先して審判をする必要があります（規則256条）。

3 上告審の裁判

(1) 原判決破棄の判決として、上告裁判所は、405条の上告理由がある場合には、判決に影響を及ぼさないことが明らかな場合を除き、判決で原判決を破棄する必要があります（410条）。上告裁判所は、405条の上告理由がない場合でも、次の理由があって原判決を破棄し

なければ著しく正義に反すると認める場合には、判決で原判決を破棄することができます（411条）。

　　ア　判決に影響を及ぼすべき法令の違反があること
　　イ　刑の量定が著しく不当であること
　　ウ　判決に影響を及ぼすべき重大な事実の誤認があること
　　エ　再審の請求をすることができる場合にあたる事由があること
　　オ　判決があった後に刑の廃止もしくは変更または大赦があったこと

(2)　原判決を破棄する場合には、①管轄裁判所に移送（不当に管轄を認めたことを理由として原判決を破棄する場合は、判決で事件を管轄控訴裁判所または管轄第一審裁判所に移送する。412条）、②破棄差し戻し（原裁判所または一審裁判所に差し戻しする場合）または破棄移送（これらと同等の他の裁判所に移送する場合）、③自判（上告裁判所自ら判決をする場合）があります。

(3)　上告棄却には、①決定による上告棄却（上告申立の法令違反その他）、②判決による上告棄却（上告理由のないことが明らかな場合その他）があります。控訴審の裁判の場合と同様です。

(4)　その他に、①公訴棄却の決定（控訴審の場合に同じ）、②訂正の判決（判決内容に誤りを発見した場合の判決）があります。

Q41 抗告・準抗告とは、どういうことですか

1 抗告とは

(1) 抗告とは、裁判所の決定（口頭弁論を経ない裁判所の裁判）に対する上訴（不服申立）をいいます。例えば、合議体の裁判官の忌避の申立を却下する裁判所の決定に対しては、即時抗告をすることができます。抗告の種類には、①一般抗告と②特別抗告があり、一般抗告には、(a) 通常抗告と (b) 即時抗告があります。一般抗告は、高等裁判所が管轄し、特別抗告は、最高裁判所が管轄します。

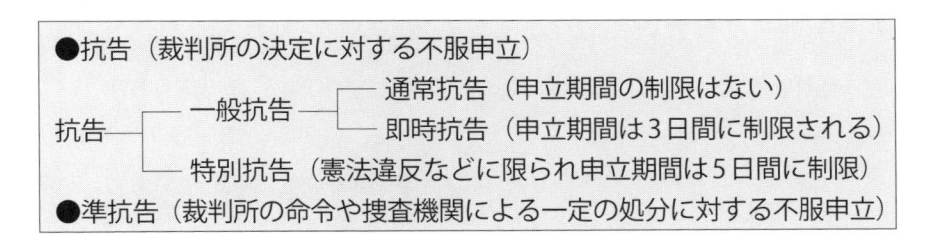

```
●抗告（裁判所の決定に対する不服申立）
            ┌─ 通常抗告（申立期間の制限はない）
     ┌ 一般抗告 ┤
抗告 ┤        └─ 即時抗告（申立期間は3日間に制限される）
     └ 特別抗告（憲法違反などに限られ申立期間は5日間に制限）
●準抗告（裁判所の命令や捜査機関による一定の処分に対する不服申立）
```

(2) 抗告の手続は、申立書を原裁判所（元の決定をした裁判所）に提出する必要がありますが、原裁判所は、抗告を理由があると認める場合には決定を更正する必要があります。これを再度の考案といいます。しかし、抗告の全部または一部を理由がないと認める場合は、申立書を受け取った日から3日以内に意見書を添えて抗告裁判所（上級裁判所）に送付する必要があります（423条）。

(3) 即時抗告は、刑事訴訟法に即時抗告ができる旨の規定がある場合に限り許されます（419条）。例えば、移送の決定（19条3項）、出頭拒否による過料の決定（133条）、身体検査の拒否による過料の決定（137条）があります。即時抗告の提起期間は3日とされています

（422条）。即時抗告の執行停止の効力として、提起期間内とこれに対する裁判のあるまでは、原決定の執行は停止されます（425条）。

(4) 通常抗告は、即時抗告ができる場合以外の決定に対して許されます（419条）。しかし、裁判所の管轄や訴訟手続に関し判決前にした決定に対しては許されません（420条1項）。勾留、保釈、押収、押収物の還付に関する決定、鑑定のための留置に関する決定については抗告をすることができます（420条2項）。通常抗告の提起期間には制限はなく、原決定の取消の実益がある限り、何時でも提起することができます（422条）。通常抗告には原決定の執行停止の効力はなく、原裁判所または抗告裁判所が決定で執行停止ができるとされています（424条）。

(5) 抗告に代わる異議申立として、高等裁判所の決定に対しては抗告が許されないので、抗告に代わる異議申立が認められます（428条）。原決定をした高等裁判所の他の裁判官で構成される裁判所で判断することになります。この異議申立には抗告に関する規定が準用されます。

(6) 特別抗告とは、最高裁判所に対する抗告をいいますが、特別抗告ができるのは、刑事訴訟法により不服申立ができない決定や命令に対して405条の憲法違反・判例違反を理由とする場合に限り、最高裁判所に特別抗告をすることができます。この場合の提起期間は5日とされています（433条）。

2　準抗告とは

(1) 準抗告とは、①裁判官のした口頭弁論を経ない裁判（命令）や、②捜査機関のした処分に対する取消または変更を求める不服申立をいいます。準抗告は、裁判官の命令に対するものと捜査機関の処分に対するものがありますが、前者は、上訴の性質を持ちます。

(2) 準抗告のできる単独制の裁判官の裁判（命令）には次のものがあります（429条）。

① 単独制裁判所の裁判官への忌避(きひ)の申立を却下する裁判
② 勾留、保釈、押収または押収物の還付に関する裁判
③ 鑑定のため留置を命ずる裁判
④ 証人、鑑定人、通訳人、翻訳人に対して過料または費用の賠償を命ずる裁判
⑤ 身体検査を受ける者に対して過料または費用の賠償を命ずる裁判

　上の④と⑤の裁判の取消または変更の請求は即時抗告の性質を持つので裁判のあった日から３日以内に請求する必要があり執行停止の効力があります。
(3) 裁判官の口頭弁論を経ない裁判（命令）に対する準抗告は、簡易裁判所の裁判官の命令の場合は管轄の地方裁判所、その他の裁判官の命令の場合はその裁判官の所属する裁判所が担当し、合議体で決定します。
(4) 捜査機関の処分に対する準抗告は、検察官・検察事務官の処分については所属する検察庁に対応する裁判所、司法警察職員の処分については職務執行地を管轄する簡易裁判所または地方裁判所が担当します（430条）。裁判官の命令に対する準抗告の場合と異なり、単独の裁判官で審判することができます。この場合の捜査機関の処分には、①39条3項の被疑者と弁護人との接見交通の日時場所の指定、②押収または押収物の還付に関する処分があります。これらの処分に対しては、行政事件訴訟を提起することはできません。

Q42
再審とは、どういうことですか

1 再審とは

(1) 再審とは、有罪の確定判決に対し、被告人の利益のために主として事実認定の不当を救済する非常救済手続をいいます（435条）。上訴は未確定の裁判に対する救済手続であるのに対して、再審は確定判決に対する救済手続である点で異なります。

(2) 再審の請求をすることができる理由は、次の理由に限られます（435条）。実務上は、次の⑥の再審事由がもっとも重要です。

① 原判決の証拠となった証拠書類や証拠物が確定判決により偽造または変造であったことが証明された場合

② 原判決の証拠となった証言、鑑定、通訳または翻訳が確定判決により虚偽であったことが証明された場合

③ 有罪の言渡しを受けた者を誣告（わざと事実をいつわって告げること）した罪が確定判決により証明された場合（ただし、誣告により有罪の言渡しを受けた場合に限ります）

④ 原判決の証拠となった裁判が確定判決により変更された場合

⑤ 特許権、実用新案権、意匠権または商標権を害した罪により有罪の言渡しをした事件について、その権利の無効の審決が確定した場合または無効の判決があった場合

⑥ 有罪の言渡しを受けた者に対して無罪もしくは免訴を言い渡し、刑の言渡しを受けた者に対して刑の免除を言い渡し、または原判決において認めた罪より軽い罪を認めるべき明らかな証拠を新たに発見した場合

⑦ 原判決に関与した裁判官、原判決の証拠となった証拠書類の作成に関与した裁判官または原判決の証拠となった書面を作成しも

しくは供述をした検察官、検察事務官もしくは司法警察職員が被告事件について職務に関する罪を犯したことが確定判決により証明された場合（ただし、原判決をする前に裁判官、検察官、検察事務官または司法警察職員に対して公訴の提起があった場合は、原判決をした裁判所がその事実を知らなかった場合に限ります）

2　再審の請求の手続

(1)　再審の請求は、①有罪の言渡しを受けた者本人、②本人の法定代理人・保佐人、③本人が死亡しまたは心神喪失の状態にある場合は、配偶者、直系親族、兄弟姉妹、④検察官から原判決をした裁判所に申立をします（438条、439条）。再審の請求には、弁護人を選任することができます（440条）。

(2)　再審の請求は、刑の執行が終わり、またはその執行を受けることがないようになった場合でも、することができます（441条）。再審には名誉回復や刑事補償の効果もあるので、請求の期間に制約はないのです。

(3)　再審の請求は、刑の執行を停止する効力を有しないとされていますが、検察官は、再審の請求についての裁判があるまで刑の執行を停止することができます（442条）。

(4)　再審の請求を受けた裁判所は、必要がある場合は、合議体の裁判官に再審の理由について事実の取調べをさせたり、地方裁判所・家庭裁判所・簡易裁判所の裁判官に嘱託（依頼）することができます（445条）。再審請求が理由のない場合には、決定で棄却する必要があります。この決定があった場合には、何人も、同一の理由によっては、更に再審の請求をすることはできません（447条）。

(5)　再審の請求が理由のある場合には、再審開始の決定をする必要があります。再審開始の決定をした場合には、決定で刑の執行を停止することができます（448条）。再審開始決定が確定した場合には、裁判所は、その再審対象の判決をした審級の手続により、更に審判

をする必要があります（451条）。再審においては、原判決の刑より重い刑を言渡すことはできません（452条）。再審において無罪の言渡しをした場合は、官報と新聞紙に掲載してその判決を公示する必要があります（453条）。

3 最近の再審事件・足利事件

(1) 足利事件とは、1990年（平成2年）5月に栃木県足利市で起きた幼女誘拐・殺人・死体遺棄事件で、菅家利和さん（1946年生まれ）が1991年12月に逮捕された後に起訴されて無罪を主張したものの、2000年に無期懲役の判決が確定し千葉刑務所で服役したが、2009年6月にDNA鑑定の不一致が確認されて釈放され再審請求をした事件をいいます。

(2) 足利事件は、2009年6月に東京高裁が「犯人と認めるには合理的な疑いがある」として再審開始決定をしました。無期懲役の判決の根拠としたのは、①精度の低い初期のDNA鑑定の結果と、②ウソの自白でした。再審は宇都宮地裁で行われています。

(3) ウソの自白は、1991年12月に逮捕された時、13時間に及ぶ取調べの後になされたもので、新聞報道によると、菅家さんは「お前がやったんだ、と何度も繰り返され、やっていないと言い続けたが、認めてくれなかった。信じてもらえないならとどうでもよくなり『やりました』と話してしまった」と話しています。ウソの自白を排除するには、取り調べの全面可視化は必須のことといえます。

(4) ウソのDNA鑑定の結果を解明したのは、日本大学法医学教室の押田茂実教授で、拘置所内の菅家さんに髪の毛を手紙で郵送して貰って44本の鑑定をした結果、有罪判決の根拠とした警察庁科学警察研究所（科警研）のDNA鑑定の結果は疑わしいという結論を得たのです。

(5) この再審事件で驚かされるのは、一審裁判所、二審裁判所、最高裁判所、再審請求一審裁判所の各裁判に関与した合計14人の裁判官が、すべて真実を見抜けなかったことです。裁判所の犯した重大な

人権侵害に、どの裁判官からも何らの反省の言葉のないのも不可解というほかありません。捜査機関の人権侵害をチェックすべき裁判所が、何らその機能を果たしていないのです。

4 冤罪を生む仕組み
(1) 死刑判決を受けて再審無罪となった財田川事件（香川県）・免田事件（熊本県）・松山事件（宮城県）・島田事件（静岡県）のような冤罪事件が多発した原因は、日本の刑事手続の仕組みにあります。平成21年5月21日から施行された裁判員制度は、従来の職業裁判官だけによる裁判よりも法律に素人の一般国民が参加したほうが良い裁判ができると考えられて日本の刑事手続の仕組みを変えたものですが、裁判員制度の開始前に変えるべき悪名の高い日本の刑事手続の仕組みがあります。
(2) 冤罪を生む仕組みとして従来から指摘されてきた刑事手続を次のように改革する必要があります。
　① 取調状況の全面可視化の制度（取調状況をすべて録画し開示すること）……上の(1)の冤罪事件は、すべて拷問のような強制によりウソの自白がなされた。
　② 逮捕・勾留期間の大幅制限（現行の起訴前の最大23日間を大幅に短縮する）……長期勾留して自白を強制する人質司法を廃止する。
　③ 代用監獄（警察の留置場）制度の廃止……捜査官が好きな時に好きなように連れ出して取調べができる人権侵害制度を廃止する。
　④ 取調べへの弁護士の立ち会い制度……密室でのウソの自白の強制を監視する。
　⑤ 検察官手持ち証拠の全部開示制度……無罪の証拠を隠すのを防止する。
　⑥ 自白法則（任意性のない疑いのある自白に証拠能力を認めない原則）の徹底……自白調書の証拠能力を否定する。

⑦　警察手持ち証拠の検察官への全部送付……無罪の証拠を隠すのを防止する。

第5章●
刑事事件の特別の手続には、どんなものがありますか

Q43 略式手続とは、どういうことですか

1 略式手続とは

(1) 略式手続とは、簡易裁判所が公判手続によらずに口頭弁論を経ずに書面審査のみで被告人に罰金または科料を科す手続をいいます（461条）。簡易裁判所は、検察官の請求によって公判前に略式命令（裁判）で100万円以下の罰金または科料を科することができます。この場合には、刑の執行猶予をし、没収をし、その他の付随の処分をすることができます。

(2) 略式手続は、刑事事件の特別の手続ですが、量的な面からみると、起訴される被告人のうちの80％以上が略式手続により処理されています。書面審査だけで被告人が法廷に出頭する必要もなく非公開で行われますから被告人にとっても利益になる場合も多いのです。

2 略式命令の請求の手続

(1) 検察官は、略式命令の請求に際して、被疑者に対して、あらかじめ、略式手続を理解させるために必要な事項を説明し、通常の規定に従い審判を受けることができる旨を告げた上、略式手続によることについて異議がないかどうかを確かめる必要があります。この場合、被疑者は、略式手続によることについて異議がない場合は、書面でその旨を明らかにする必要があります（461条の2）。

(2) 略式命令の請求は、検察官が公訴の提起と同時に書面でする必要がありますが、この場合には被疑者の異議のない旨の同意書面を添付する必要があります（462条）。公訴の提起と略式命令の請求とは別個の行為ですが、実務上は、起訴状に「○○被告事件につき公訴を提起し略式命令を請求する」と記載して同一書面によっています。検

察官は、略式命令の請求と同時に、略式命令をするために必要があると思う書類や証拠物を裁判所に提出する必要があります（規則289条）。これらの書面を裁判所に提出することとしているので、起訴状一本主義の例外となります。

(3) 略式命令の請求を受けた裁判所は、書面審査のみで判断し、①その事件が略式命令のできない場合、②略式手続によることが相当でない場合、③検察官が略式手続の説明を怠ったり被疑者の異議のない旨の同意書面を添付していない場合には、職権で通常の公判手続へ回付する必要があります（463条）。このような事由がない場合は、裁判所は、遅くとも略式命令の請求があった日から14日以内に略式命令を発する必要があります。裁判所は、略式命令の謄本を被告人に送達しますが、送達できなかった場合は直ちに検察官に通知します（規則290条）。

(4) 略式命令には、①罪となるべき事実、②適用した法令、③科すべき刑と付随の処分、④略式命令の告知があった日から14日以内に正式裁判の請求をすることができる旨を示す必要があります（464条）。

(5) 略式命令を受けた者または検察官は、その告知を受けた日から14日以内に略式命令をした裁判所に書面で正式裁判の請求をすることができます（465条）。正式裁判の請求により判決をした場合は、略式命令は、その効力を失います（469条）。

(6) 略式命令は、正式裁判の請求期間の経過またはその請求の取下げにより確定判決と同一の効力を生じます。正式裁判の請求を棄却する裁判が確定した場合も同様です（470条）。

Q44 即決裁判手続とは、どういうことですか

1 即決裁判手続とは

(1) 即決裁判手続とは、①事案が明白で、かつ②軽微であること、③証拠調べが速やかに終わると見込まれることその他の事情を考慮して手続の合理化と迅速化を図り迅速な判決を言い渡す手続をいいます（350条の2）。

(2) 即決裁判手続は、平成16年の刑事訴訟法改正により新設され平成18年10月から施行されましたが、略式手続（略式命令）の場合の科される刑が罰金または科料とされているのに対して、懲役または禁錮の言い渡しも可能となっています。ただ、この手続も、略式命令の場合と同様に被疑者の同意が必要とされています。

(3) 簡易な裁判手続としては、この即決裁判手続と略式手続（略式命令）のほかに、「簡易公判手続」があります。簡易公判手続とは、被告人が冒頭手続において起訴状に記載された訴因（犯罪事実の要点）について有罪である旨の陳述をした場合に、裁判所は、検察官、被告人、弁護人の意見を聴き、有罪である旨の陳述のあった訴因に限り、簡易な手続により審判する手続をいいます。ただし、死刑、無期、短期1年以上の懲役や禁錮に当たる事件については適用されません（291条の2）。

2 即決裁判手続の申立と公判手続

(1) 検察官は、公訴の提起をしようとする事件について、事案が明白であり、かつ、軽微であること、証拠調べが速やかに終わると見込まれることその他の事情を考慮して、相当と認める場合は、公訴の提起と同時に、書面により即決裁判手続の申立をすることができま

す。ただし、死刑または無期もしくは短期1年以上の懲役もしくは禁錮に当たる事件については申立はできません（350条の2第1項）。

(2) 即決裁判手続の申立は、この手続によることについての被疑者の同意がなければすることはできません。検察官は、被疑者に対し、この同意をするかどうかの確認を求める場合には書面による必要があります。この場合は、この手続を理解させるために必要な事項を説明し、通常の規定に従い審判を受けることができる旨を告げる必要があります。被疑者に弁護人がある場合は弁護人の同意も必要であり、被疑者に弁護人のない場合は弁護人を選任することができる旨を説明する必要があります（350条の2第2項・第3項）。被疑者が同意をするかどうかを明らかにしようとする場合において、被疑者が貧困その他の事由により弁護人を選任することができない場合は、裁判所は、被疑者の請求により国選弁護人を付する必要があります（350条の3）。

(3) 即決裁判手続の申立があった場合において、被告人に弁護人がいない場合は、裁判長は、できる限り速やかに、職権で弁護人を付する必要があります（350条の4）。公判期日は弁護人がない場合には開くことができません（350条の9）。

(4) 検察官は、被告人または弁護人に対して、証拠調べの請求をする証拠書類を閲覧する機会を与えるべき場合は、できる限り速やかに与える必要があります（350条の5）。

(5) 裁判所は、冒頭手続において被告人が起訴状に記載された訴因（犯罪事実の要点）について有罪である旨の陳述をした場合には、その事件が即決裁判手続によることが相当でないと認める場合、被疑者の同意が撤回された場合などを除いて、即決裁判手続によって審判をする旨の決定をする必要があります（350条の8）。裁判長は、できる限り早い時期の公判期日を定める必要があります（350条の7）。

(6) 裁判所は、できる限り、即日判決の言渡しをする必要があります（350条の13）。即決裁判手続において懲役または禁錮の言渡しをす

る場合には、その刑の執行猶予の言渡しをする必要があります（350条の14）。即決裁判手続による判決に対しては、判決で示された罪となるべき事実につき事実の誤認を理由とする上訴をすることはできません（403条の2、413条の2）。

Q45 少年事件の特別手続とは、どういうことですか

1 少年事件とは

(1) 少年事件とは、刑事訴訟法の特則としての<u>少年法の規定により審理される少年（20歳未満の者）の刑事事件</u>をいいます。少年の刑事事件は、すべて最初に家庭裁判所に送致されますが、家庭裁判所は、死刑、懲役、禁錮に当たる罪の事件について、調査の結果、その罪質や情状に照らして刑事処分を相当と認めた場合は、決定で、管轄の検察庁の検察官に送致する必要があります（少年法20条1項）。これを逆送決定といい、検察官は、逆送決定のあった事件については、原則として起訴する必要があります（少年法45条5号）。従来の刑事処分可能年齢の16歳以上の制約が平成12年改正により撤廃されたので、犯行時に刑事責任年齢14歳以上の者（刑法41条）であれば、逆送決定ができます。

(2) 少年法では、少年の健全な育成を期し、非行のある少年に対して性格の矯正や環境の調整に関する保護処分を行うとともに、少年と少年の福祉を害する成年の刑事事件について特別の措置を規定しています。

2 少年事件の手続

(1) 少年の刑事事件についても少年法に特別に定める場合以外は一般の刑事訴訟法の手続によります。司法警察員は、少年の被疑事件について捜査を遂げた結果、罰金以下の刑に当たる犯罪の嫌疑があると思った場合は、検察官を経由せずに家庭裁判所に送致する必要があります（少年法41条）。検察官も補充捜査をした後、家庭裁判所に送致する必要があります（少年法42条）。少年事件については全件送

致主義を採っています。
(2)　家庭裁判所が、調査の結果、刑事処分を相当と認めて検察官への逆送決定をした場合は、検察官は、①送致を受けた事件の一部について公訴を提起するに足りる犯罪の嫌疑のない場合、②犯罪の情状等に影響を及ぼすべき新たな事情を発見したため訴追を相当でないと思った場合、③送致後の情況により訴追を相当でないと思った場合を除いて、公訴を提起する必要があります（少年法45条5号）。
(3)　検察官は、少年の被疑事件においては、やむを得ない場合でなければ、裁判官に対して、勾留の請求をすることはできません（43条3項）。勾留の請求に代えて、検察官は、①少年鑑別所に収容する観護措置や②家庭裁判所調査官の観護を請求することができます（43条1項）。実務上は②は身柄拘束の効果がないので利用されません。この観護措置は、勾留に代わるものですから、刑事訴訟法60条1項の要件（住居不定、罪証隠滅のおそれまたは逃亡のおそれがあること）を必要とします。
(4)　少年に対する刑事事件の審理は、医学、心理学、教育学その他の専門的知識や少年鑑別所の鑑別の結果を活用して行う必要があります（少年法50条）。裁判所は、事実審理の結果、少年の被告人を保護処分に付するのが相当であると認めた場合は、決定で、事件を家庭裁判所に移送する必要があります（55条）。保護処分には、①保護観察所の保護観察に付すること、②児童自立支援施設または児童養護施設に送致すること、③少年院に送致することがあります（少年法24条）。
(5)　罪を犯した少年に対して保護処分がなされた場合は、審判を経た事件について刑事訴追をし、または家庭裁判所の審判に付することはできません（少年法46条）。一事不再理の効力によるものです。
(6)　犯行時に18歳未満の者は、①死刑をもって処断すべき場合は無期刑を科します。②無期刑をもって処断すべき場合でも有期の懲役または禁錮を科すことができます。この場合の刑は、10年以上15年以

下で言渡しをします（少年法51条）。
(7)　少年に対して長期3年以上の有期の懲役または禁錮をもって処断すべき場合は、その刑の範囲内において長期と短期を定めて言い渡します（不定期刑）。ただし、短期が5年を超える刑をもって処断すべき場合は、短期を5年に短縮します。この場合の刑は、短期は5年、長期は10年を超えることはできません。刑の執行猶予を言い渡す場合は、これらの規定は適用されません（少年法52条）。

Q46 刑事手続の付随手続とは、どういうことですか

1 未決勾留日数の本刑算入

(1) <u>未決勾留（刑の確定前の勾留）の日数は、その全部または一部を本刑（未決勾留の理由となった罪について科される刑）に算入することができる</u>とされています（刑法21条）。算入するかどうかは、裁判所の裁量によるので、これを裁定算入といいます。算入する場合の判決の主文は、例えば、「被告人を懲役7年に処する。未決勾留日数中150日を右刑に算入する。」というような判決の言渡しとなります。

(2) 未決勾留日数の法定通算は、次の通り行われます（495条）。これらの場合は、必ず本刑に通算するので法定通算といいます。

① 控訴・上告のような上訴の提起期間中の未決勾留の日数は、上訴申立後の未決勾留の日数を除き、全部これを本刑に通算します。

② 上訴申立後の未決勾留の日数は、次の場合には全部これを本刑に通算します。

ア 検察官が上訴を申し立てた場合

イ 検察官以外の者（被告人、その法定代理人等）が上訴を申し立てた場合においてその上訴審において原判決が破棄された場合

2 没収と追徴

(1) 没収とは、物の所有権を剥奪して国庫に帰属させる処分を内容とする財産刑をいいます。没収は、主刑に付加して科される付加刑ですから、判決と同時に判決の主文で言い渡されます。次に掲げる物は、没収することができます（刑法19条1項）。

① 犯罪行為を組成した物（例えば、偽造文書行使罪での偽造文書）

②　犯罪行為の用に供しまたは供しようとした物（例えば、殺人に用いた凶器）

③　犯罪行為によって生じ、もしくはこれによって得た物または犯罪行為の報酬として得た物（例えば、偽造文書、恐喝(きょうかつ)によって得た契約証書、堕胎(だたい)手術の謝礼金）

④　上の③に掲げる物の対価として得た物（例えば、盗品の売却代金）

(2)　没収は、犯人以外の者に属さない物（犯人の物や何人にも属さない物）に限り、これをすることができますが、ただ、犯人以外の者に属する物であっても、犯罪後にその者が情を知って取得した物である場合は没収することができます（刑法19条2項）。

(3)　没収物は、検察官が処分する必要があります（496条）。検察官は、没収を執行した後3カ月以内に権利を有する者が没収物の交付を請求した場合は、破壊しまたは廃棄すべき物を除いて交付する必要があります（497条）。偽造または変造された物を返還する場合には、偽造または変造の部分をその物に表示する必要があります（498条）。

(4)　追徴(ついちょう)とは、没収できる物のうち、①犯罪行為によって生じ、もしくは犯罪行為によって得た物または犯罪行為の報酬として得た物、または、②これらの物の対価として得た物を没収することができない場合に、その価額の納付を強制する処分をいいます（刑法19条の2）。追徴の処分も判決と同時に判決主文で言い渡されます。

3　労役場留置

(1)　労役場留置とは、罰金や科料を完納することができない者を一定の期間、労役に服させる処分（換刑処分）をいいます（刑法18条）。

(2)　罰金を完納することができない者は、1日以上2年以下の期間、労役場に留置します。科料を完納することができない者は、1日以上30日以下の期間、労役場に留置します。

(3)　罰金を併科した場合または罰金と科料を併科した場合における留

置の期間は、3年を超えることはできません。科料を併科した場合における留置の期間は、60日を超えることはできません。
(4) 罰金または科料の言渡しをする場合は、その言渡しとともに、罰金または科料を完納することができない場合における留置の期間を定めて言い渡す必要があります。
(5) 罰金については裁判が確定した後30日以内、科料については裁判が確定した後10日以内は、本人の承諾がなければ留置の執行をすることができません。
(6) 罰金または科料の一部を納付した者についての留置の日数は、その残額を留置1日の割合に相当する金額で除して得た日数（その日数に1日未満の端数を生じる場合は1日とします）とします。

4　仮納付

(1) 仮納付の裁判とは、罰金、科料または追徴を言い渡す場合に判決でそれに相当する金額を仮に納付するよう命ずることをいいます（348条）。
(2) 裁判所は、罰金、科料または追徴を言い渡す場合において、判決の確定を待ってはその執行をすることができず、またはその執行をするのに著しい困難を生ずるおそれがあると認める場合は、検察官の請求によりまたは職権で、被告人に対し、仮に罰金、科料または追徴に相当する金額を納付すべきことを命ずることができます。
(3) 仮納付の裁判は、刑の言渡しと同時に、判決で言い渡す必要があります。仮納付の裁判は、直ちに執行することができます。

5　被害者還付制度

(1) 押収した贓物（盗品その他の財産罪により取得した物）で被害者に還付すべき理由が明らかなものは、これを被害者に還付する言渡しをする必要があります（347条）。贓物の対価として得た物について、被害者から交付の請求があった場合も同様です。

(2) 仮に還付した物（決定で押収物の仮還付を受けた物）について、別段の言渡しのない場合は、還付の言渡しがあったものとされます。
(3) 押収物の還付については、民事訴訟手続に従い、利害関係人がその権利を主張することができます。

6　被告人・被疑者の訴訟費用の負担

(1) 刑の言渡しをした場合には、被告人に訴訟費用の全部または一部を負担させる必要があります。ただし、被告人が貧困のため訴訟費用を納付することができない場合は除かれます（181条1項）。この場合の訴訟費用とは、証人の旅費・日当・宿泊料、鑑定人・通訳人・翻訳人・国選弁護人の旅費・日当・宿泊料・鑑定料・通訳料・翻訳料・報酬をいいます。

(2) 被告人の責に帰すべき事由によって生じた費用は、刑の言渡しをしない場合にも、被告人に負担させることができます（181条2項）。

(3) 検察官のみが上訴を申し立てた場合において、上訴が棄却された場合や上訴の取り下げがあった場合は、上訴に関する訴訟費用は、被告人に負担させることはできません。ただ、被告人の責に帰すべき事由によって生じた費用については被告人に負担させることができます（181条3項）。

(4) 公訴が提起されなかった場合において、被疑者の責に帰すべき事由により生じた費用がある場合は、被疑者に負担させることができます（181条4項）。

(5) 訴訟費用の負担を命ぜられた者は、貧困のためこれを完納することができない場合は、裁判所規則の定めにより訴訟費用の全部または一部について、その裁判の執行の免除の申立をすることができます。この申立は、訴訟費用の負担を命ずる裁判が確定した後20日以内にする必要があります（500条）。

Q47 裁判員制度とは、どういうものですか

1 裁判員制度とは

(1) 裁判員制度とは、平成16年5月に成立した「裁判員の参加する刑事裁判に関する法律」（裁判員法）によって職業裁判官3人と一般国民の中からクジで選ばれた裁判員6人で構成する合議体によって重大な次の刑事事件について裁判をする平成21年5月21日から施行された新制度をいいます（裁判員法2条）。裁判員制度は一審のみで行われ、二審以降は従来通り職業裁判官のみで審理されます。

① 法定刑が死刑または無期の懲役もしくは禁錮に当たる罪に係る事件（例えば、殺人、強盗致死傷、強姦致死傷、強制猥褻致死傷、現住建造物放火）

② 上の①以外の法定合議事件（死刑または無期もしくは短期1年以上の懲役もしくは禁錮に当たる罪に係る事件）であって、故意の犯罪行為により被害者を死亡させた罪に係る事件（例えば、傷害致死、危険運転致死、逮捕監禁致死）

(2) 公判前整理手続（Q31参照）による争点や証拠の整理において公訴事実について争いがないと認められ、被告人・弁護人・検察官に異議がなく、事件の内容その他の事情を考慮して裁判所が適当と認めるものについては、例外として、職業裁判官1人と裁判員4人からなる合議体によることができます（裁判員法2条3項）。

(3) 合議体を構成する裁判員と職業裁判官の権限としては、①事実の認定、②法令の適用、③刑の量定があります（裁判員法6条）。裁判員も職業裁判官と対等の権限を有しています。ただ、(a)法令の解釈に係る判断、(b)訴訟手続に関する判断、(c)その他裁判員の関与する判断以外の判断は、職業裁判官の合議により判断します。従って、

法令の適用の判断は、職業裁判官の示した法律の解釈を前提として、認定した事実がそれに該当するか否かという判断をすることになります。
(4) 裁判員の主な仕事は、次の通りです。
　① 公開された公判の法廷への出席（裁判官とともに証拠書類その他の証拠物を取り調べるほか、証人や被告人に対する質問をすることができます）
　② 非公開での評議と評決（証拠に基づいて被告人が有罪か無罪か、有罪とした場合はどんな刑に処すべきかを裁判官と評議をし評決を決定します）
　③ 公開の法廷で判決の宣告（評決内容に従って裁判長が判決の宣告をします）

2 裁判員の選任

(1) 各地方裁判所は、毎年9月1日までに、翌年に必要な裁判員候補者の員数を管轄区域内の市町村選挙管理委員会に通知をし、選挙管理委員会は、衆議院議員の選挙権を有する者の中から無作為抽出の方法によって裁判員候補予定者を選んだ後、予定者名簿を地方裁判所に送付します（裁判員法20条・21条）。裁判所は、予定者名簿に基づいて質問票を送付して、裁判員法に定めた次例のような裁判員になれない者や辞退することができて辞退の申立をした者を調査して、裁判員候補者名簿を作成します（裁判員法13条以下）。
　ア 欠格事由のある者（義務教育を終了しない者、禁錮以上の刑に処せられた者、心身の故障のため裁判員の職務の遂行に著しい支障がある者）
　イ 就職禁止事由のある者（国会議員、国務大臣、裁判官・検察官・弁護士とこれらであった者、自治体の長、自衛官、逮捕または勾留されている者、その他）
　ウ 辞退申立ができる者（年齢70年以上の者、会期中の地方議会

議員、学生や生徒、重い疾病や傷害により裁判所に出頭することが困難な者、その他）
　　エ　事件関連の不適格者（被告人・被害者やこれらの親族または親族であった者、被告人・被害者の法定代理人・保佐人、事件について告訴・告発をした者、その他）
　　オ　その他の不適格者（裁判所が不公平な裁判をするおそれがあると認めた者）
(2)　裁判員制度の対象事件について第1回公判期日が決まると、裁判所は、事件の審判に見込まれる期間などを考慮して呼び出す人数を定めて裁判員候補者名簿の中からくじで選定します。裁判所は、裁判員選任手続期日を定めて選定された裁判員候補者を呼び出します（裁判員法26条）。裁判員選任手続期日には、裁判官、書記官、検察官、弁護人が出席しますが、裁判所は、必要があると認めた場合は、被告人を出席させることができます（裁判員法32条）。検察官と被告人は、それぞれ4人を限度として裁判員候補者について理由を示さずに不選任の決定の請求をすることができます（裁判員法36条）。選任手続期日には、当日用の質問票に記入した後、裁判官からの質問を受け、選任・不選任が決定されます。最終的に事件ごとに6人の裁判員と必要な数の補充裁判員（補欠の裁判員）が選任されます。選任された裁判員に対し、裁判員の権利と義務その他の必要事項について説明を受けた後、宣誓を行います。多くの場合は午前中に選任手続を終了して、午後から審理を開始します。

3　裁判員裁判の手続

(1)　裁判員の参加する裁判では、第1回の公判期日前に「公判前整理手続」に付する必要があります（裁判員法49条）。第1回の公判期日前の鑑定の制度として、公判前整理手続で鑑定を行うことを決定した場合は、裁判所は、検察官、被告人または弁護人の請求によりまたは職権で、鑑定の経過と結果の報告以外の鑑定手続（例えば、精神

鑑定のための面接、鑑定書の作成）を行う旨の決定をすることができます（裁判員法50条）。

(2) 公判手続では、裁判官・検察官・弁護人は、裁判員の負担が過重なものとならないようにしつつ、裁判員がその職責を十分に果たすことができるよう審理を迅速で分かりやすいものとすることに努める必要があります（裁判員法51条）。

(3) 検察官が冒頭陳述で証拠により証明すべき事実を明らかにするに当たっては、公判前整理手続における争点と証拠の整理の結果に基づき、証拠との関係を具体的に明示する必要があります。被告人または弁護人が冒頭陳述で証拠により証明すべき事実を明らかにする場合も同様です（裁判員法55条）。

(4) 裁判所が証人その他の者の尋問をする場合には、裁判員は、裁判長に告げて、裁判員の関与する判断に必要な事項について尋問することができます（裁判員法56条）。被告人が任意に供述をする場合には、裁判員は、裁判長に告げて、いつでも、裁判員の関与する判断に必要な事項について被告人の供述を求めることができます（裁判員法59条）。

(5) 裁判員の関与する合議体での判断は、職業裁判官と裁判員の双方の意見を含む合議体の構成員の員数（9人）の過半数（5人以上）の意見によります（裁判員法67条）。有罪判決は、裁判員と裁判官の双方が1人は含まれている必要がありますから、例えば、次の通りになります。

　① 裁判員2人と裁判官3人が有罪、裁判員4人が無罪とした場合は、有罪
　② 裁判員6人全員が有罪、裁判官3人全員が無罪とした場合は、無罪
　③ 裁判員1人と裁判官3人が有罪、裁判員5人が無罪とした場合は、無罪
　④ 裁判員6人全員が無罪、裁判官3人全員が有罪とした場合は、無

罪

4 裁判員制度の主な問題点

(1) 裁判員制度は憲法に違反し許されないという多数の主張が、裁判員法の成立前や成立後に主張されていますが、その主張の要点は次の通りです。

① 裁判官でない者が加わった裁判所は、憲法32条に規定する裁判所に当たらない。憲法では、裁判は、裁判官のみに取り扱わせ、裁判官以外の者の参加を許していない。

② 裁判体に素人の裁判員が加わることにより憲法76条3項（すべて裁判官は、その良心に従い独立してその職権を行い、この憲法及び法律にのみ拘束される）の裁判官の独立の規定に違反することになる。

③ 判決は、裁判員と裁判官の双方を含む多数決によるので、裁判官全員が有罪、裁判員全員が無罪とした場合は、無罪判決となるが、これは、憲法73条3項の裁判官の独立を侵害することになる。裁判官は、良心に反して無罪判決を書かされる。

④ 裁判員が加わることにより被告人に不利な場合が生じるが、このような裁判体は、もはや憲法37条1項の「公平な裁判所」とはいえない。例えば、裁判官2人が無罪・1人が有罪の意見の場合に、裁判員2人が無罪・4人が有罪の意見の場合は、裁判官の多数が無罪なのに有罪判決を言い渡すことになる。

⑤ 裁判員制度は、個人の尊重や幸福追求権を定めた憲法13条に違反する。憲法に根拠のない裁判員制度により刑事裁判への参加を強制することは憲法13条に違反する。想定される主な侵害は次の通り。

　ア 裁判員候補者になった場合の精神的不安（殺人その他の重大事件で有罪無罪の判断ができるのか、刑罰の重さの判断ができるのか、その他）

イ　裁判員選任手続期日の出頭義務の負担（出頭しないと10万円以下の過料）
　　　ウ　裁判員の辞退の手続とその費用の負担（交通費や宿泊料は自己負担）
　　　エ　裁判員選任期日の苦しみ（裁判長から種々の質問を受けて悔しい思いをする）
　　　オ　公判期日への出頭義務の負担（出頭しないと10万円以下の過料）
　　　カ　裁判への国民参加と矛盾する裁判員の守秘義務（知り得た秘密を守る義務）の負担
　　⑥　裁判官でない者が裁判に関与し、被告人の運命を左右することができるとすることは、憲法78条の裁判官の身分保障の規定や憲法80条の裁判官の任命や報酬の規定に違反する。
　(2)　憲法違反以外の制度上の主な問題点として次の主張があります。
　　①　裁判員制度の審理では、手抜き審理が蔓延する。
　　　ア　裁判員の負担が過重になることから、裁判員を長期間拘束しておくことはできないので、十分な審理をせずに早く切り上げるようになる。
　　　イ　裁判員の知識や能力に何らの制約がないので、裁判員の能力の点から手抜き審理が蔓延する。
　　　ウ　補欠の裁判員を使い切った後に新たな裁判員を選任することになるが、証拠調べの途中から交代した者には正確な事実認定はできない。刑事訴訟法317条は「事実の認定は、証拠による」と規定しているが、証拠の一部分だけによって判断することはできない。
　　　エ　手抜き審理が蔓延すると、誤判決があっても、裁判員のせいにされて司法制度が機能しなくなる。
　　②　裁判員制度では、量刑（刑の量定）についても判断するが、判決では、死刑とか懲役8年といった主刑のほか、執行猶予、保護観

察、未決勾留日数の算入、罰金の換刑処分、没収、追徴なども決定する必要があるので、知識のない裁判員に判断はできない。
③　裁判員制度では、判断の基準がなくなり被告人の権利が侵害される。裁判の基準は憲法と法律であるが、法律知識のない裁判員は裁判の基準を持たないことになる。裁判の基準は、常識ではない。
④　裁判員制度では、事案の真相を明らかにすることができなくなる。刑事訴訟の目的は「事案の真相を明らかにする」ことにあるが、数百頁に及ぶ証人調書を読んだり、証人Ａと証人Ｂの証言が正反対の場合の証言の信用性の判断は職業裁判官でも困難であり、素人の裁判員には判断は無理である。
⑤　裁判員の仕事には、（a）事実の認定、（b）法令の適用、（c）刑の量定があるが、専門的知識のない裁判員には特に（b）と（c）の仕事は不可能である。

JPCA 日本出版著作権協会
http://www.e-jpca.com/

＊本書は日本出版著作権協会（JPCA）が委託管理する著作物です。
　本書の無断複写などは著作権法上での例外を除き禁じられています。複写（コピー）・複製、その他著作物の利用については事前に日本出版著作権協会（電話 03-3812-9424, e-mail:info@e-jpca.com）の許諾を得てください。

[著者略歴]

矢野　輝雄（やの　てるお）
1960年、NHK（日本放送協会）入局。元NHKマネージング・ディレクター。元NHK文化センター講師。現在、矢野行政書士事務所長

主な著書
『ひとりでできる行政監視マニュアル』『絶対に訴えてやる！』『逮捕・起訴対策ガイド』『自動車事故・対応マニュアル』『公務員の個人責任を追及する法』（以上、緑風出版）、『わかりやすい特許ライセンス契約の実務』『そこが知りたい！知的財産権』（以上、オーム社）、『これで万全、契約書マニュアル』『これで安心、相続＆遺言』『家裁利用術』（以上、リベルタ出版）

連絡先
矢野事務所　電話 087-834-3808 ／ FAX087-834-3808

刑事事件お助けガイド
けいじじけん　たす

2010年10月25日　初版第1刷発行　　　　　定価2200円＋税

著　者　矢野輝雄 ©
発行者　高須次郎
発行所　緑風出版
　　　〒113-0033　東京都文京区本郷2-17-5　ツイン壱岐坂
　　　〔電話〕03-3812-9420　〔FAX〕03-3812-7262
　　　〔E-mail〕info@ryokufu.com
　　　〔URL〕http://www.ryokufu.com
　　　〔郵便振替〕00100-9-30776

装　幀　斎藤あかね　　　イラスト　Nozu
写　植　R企画　　　　　印　刷　シナノ・巣鴨美術印刷
製　本　シナノ　　　　　用　紙　大宝紙業
〈検印・廃止〉落丁・乱丁はお取り替えいたします。　　　　E1500

Teruo Yano © Printed in Japan　　ISBN978-4-8461-1012-3　C0032

◎緑風出版の本

■ 全国のどの書店でもご購入いただけます。
■ 店頭にない場合は、なるべく書店を通じてご注文ください。
■ 表示価格には消費税が加算されます。

ひとりでできる行政監視マニュアル

矢野輝雄著

四六判並製
二六〇頁
2200円

税金の無駄遣いの監視等は、各自治体の監査委員や議会がすべきですが、「眠る議会と死んだ監査委員」といわれ、何も監視しない状況が続いています。本書は、市民がひとりでもできるように、丁寧に様々な監視手法を説明しています。

「逮捕・起訴」対策ガイド
市民のための刑事手続法入門

矢野輝雄著

A5判並製
二〇八頁
2200円

万一、あなたやあなたの家族や友人が犯人扱いされたり、犯人となってしまった場合、どうすればよいのか? 本書は逮捕から起訴、そして裁判から万一の服役まで刑事手続法の一切を、あなたの立場に立ってやさしく解説する。

欠陥住宅被害・対応マニュアル

矢野輝雄著

A5判並製
一七六頁
2000円

欠陥住宅に泣く人は後を絶たない。その上、原因究明や解決となると、時間や費用がかかり、極めて困難だ。本書は一級建築士らが、建築の素人である一般市民でも闘えるように、業者に対抗する知識とノウハウを解説。

絶対に訴えてやる!
訴えるための知識とノウハウ

矢野輝雄著

A5判並製
一八八頁
1900円

「絶対に訴えてやる!」と思った時一人で裁判にもちこむことも可能。本書は、民事訴訟、家事事件や告訴、告発までの必要な理論と書式、手続をわかりやすく解説すると共に、マニュアルとしてそのまま利用可能。手許に置くべき1冊だ。

自動車事故・対応マニュアル

矢野輝雄著

A5判並製
一八八頁
1900円

交通事故による死傷者数は一〇〇万人を超え、検挙者数も増大している。本書は、被害者、加害者双方の立場から、交通事故や保険の基礎知識の他、事故発生時から損害賠償の最終的解決に至るまでのすべての対応を詳しく解説。